パック旅行で楽しむヨーロッパ

中尾　進
Nakao Susumu

ブックウェイ

はじめに

若い頃からヨーロッパに旅行することが夢だった。しかし諸般の事情でなかなか実現する機会に恵まれなかった。会社の定年間際になって漸くそのチャンスが巡ってきたので、添乗員同行のパック旅行のパンフレットを取り寄せて検討した。パック旅行は朝起きてから夜寝るまでのスケジュールが決まっていて個人の自由になる時間が無いという印象を持っていたので少し躊躇するところもあったが、語学力に全く自信がないので、パック旅行はやむを得ない選択であった。

実際に参加してみると、予想外に、自由に使える時間があった。例えば、朝起きてから観光に出発するまでの時間、夕飯を食べてから寝るまでの時間は自由だった。これらの時間を旅行の日数分合計すると実は相当な時間になる。通常、これらの時間は当日の準備のために費やしたり、観光で疲れた体を休めるために使われたりする。私自身も疲れている時や体調の悪い時はそのような時間の使い方をした。

しかし体力があり元気であればホテルを出てブラブラ歩きを楽しむことができる。それがホテル周辺に限定された散歩になったとしてもそこは異国の地、散歩もまた楽しからずや、である。

また、観光地に行った時にも、主な観光を終えたあと自由時間を取ってもらえることが多い。

それは、お土産タイム的な数十分の自由時間から、1、2時間のたっぷりとした自由時間まで幅は様々だが、自分が自由に使える時間だった。
本文にも書いたが、僅か20分間という自由時間の間に、イギリス・チェスターで一番古いといわれているパブに行き、ビールを飲んだ経験がある。もちろんツアーには、このパブに行く予定は含まれておらず、自分で考えた観光であった。

さらに、旅行期間中のどこかで、半日～1日の自由行動が設定されている旅行もある。私が選んだのは、全てこのタイプの旅行であるが、こうなると自分が添乗員になって完全オリジナルな観光を企画することができる。これも旅行の楽しみ方の一つである。

パック旅行は団体行動が要求されるため、確かに拘束感はある。もっと長く居たいとか、ここは興味なかったとか思っても決められた通りに観光するしかない。しかし、効率的に有名観光地を回ってもらえる上、それなりに自由時間も確保されているので、海外初心者にはありがたい旅行だと感じた。パック旅行で経験を積んでから個人旅行をするのも良いかなと思った。
パック旅行ではあったが、随所で個人旅行感も味わうことが出来てとても楽しいヨーロッパ旅行だった。

目次

1. イギリス旅行

2008年5月28日（水）

いよいよ今日からイギリス旅行。初めてのヨーロッパ旅行の行き先はイギリスに決めていた。その理由は妻恵子が小学生の頃からイギリスが好きだったと聞いていたからだ。

朝4時半に起床。朝の体重測定で61・4kg。さて旅行から帰ってきた時には、何kgになっているだろう。出発前にあきんど寿司で昼食にした。

午後1時過ぎに家を出発。京都で午後2時15分発のはるか35号に乗車。関空集合が午後4時10分なので、もう少し遅くてもよかったが、遅刻したくなかったので早めに出た。

関空で添乗員の志野さんと会った。年の頃30代と思われ、優しく感じの良い女性だった。私たちにとっては新婚旅行から約30年ぶりの海外旅行、そして初めてのヨーロッパなので、分からない事が沢山あり、いろいろ質問したのだが志野さんは丁寧に教えてくださった。

志野さんによると「日本人は、片言であっても英語を話せる人が多いので、イギリスには個人旅行で行く人が多い」そうだ。しかし私たちは英語が話せない上、入国・出国の手続きが二人でもままならないので、添乗員同行の団体旅行にした。

キャセイパシフィック航空ＣＸ５０７便は予定通り18時10分に香港に向けて出発。香港到着までに機内食が1回出た。香港到着後、待ち時間が3時間もあった。この待ち時間帯は日本であれば寝ている時間だったので、乗り換えのため起きているのは辛かった。若ければ徹夜でも耐えられたと思うが今の年齢ではとても辛くて枕と布団が恋しかった。

今回の旅行は、海外旅行に慣れていなかったため残念な事が幾つかあった。その最たるものが、この夕方関空出発・アジア（香港）乗り継ぎというパターンだ。夜起きているのは本当に辛い。私の場合、ヨーロッパに行く時は、日本を午前中出発の直行便とするのが理想であり、直行便が無理な場合はヨーロッパ内で乗り継ぎするパターンを選ぶのが次善の策だと思った。

次は、座席は通路側が良いということ。トイレに行く時、窓側や真ん中の席では、通路側の人に立ってもらう必要がある。特に夜間で通路側の人が寝ている場合は起こすことになり声をかけにくい。いきおいトイレを我慢せざるを得ず、苦しい思いをする。長時間のフライトを経験する前は、外の景色を見たいので窓側の席が好きだったが、考えをあらためた。

次の旅行からは今回の経験を活かしたい。

5月29日（木）

長く感じた待ち時間が終わり、キャセイパシフィック航空ＣＸ２５５便は予定の時間にロンドンに向けて離陸した。香港からロンドンまでに機内食が２回出た。そのうち１回は恵子が食べないで恵子の分も私が食べたので、私は機内食を３食分食べたことになる。早くもブタ状態に突入だ。

ロンドン・ヒースロー空港では、必要な段取りを志野さんがほとんどやってくれたので、私たちは志野さんの指示に従って入国審査官にパスポートを見せるだけという簡単なものだった。添乗員同行の団体旅行のありがたみを感じた。ただ入国審査官はパスポートをちらと見ただけで、入国スタンプを押してくれなかった。恵子も私もイギリスに入国した証しにイギリスの入国スタンプが欲しかっただけに残念だった。

空港の外で待っていた、ジョンさんという人が運転する観光バスでケンブリッジへ向かった。途中、WELCOME BREAK BIRCHANGER と書かれたドライブインでトイレ休憩をとった。その際、恵子がドライブイン周辺の雑草の中に野生のリスを発見！　動物園以外で初めて見たと興奮していた。

ケンブリッジに着き、イギリスへ来たという感じがじわじわと高まってきた。ケンブリッジは、世界屈指の名門大学ケンブリッジ大学を中心とした街。万有引力の法則で有名なニュートンも学んだ歴史ある大学で、ノーベル賞受賞者も輩出している。

マーガレットさんという現地ガイドが付いたが彼女の説明が良かった。トリニティーカレッジの中庭散策の他、ニュートンのリンゴの木、ケム川のパントなどを見た。そして観光のハイライトはキングスカレッジの礼拝堂だった。細かい天井細工などが素晴らしかった。

昼食はCAFÉ ROUGE (AU JARDIN) というレストランでクロックムッシューと、飲み物はCIDRE BRETON。え？ ここはイギリスじゃなかったの？ 短時間の自由時間をとった後ヨークへ移動。途中またドライブインに寄り、MARKS&SPENCERがあったので食べ物を買った。


ヨーク到着。ヨークは北イングランドの城壁に囲まれた古都で、中世以降は信仰の中心地となった。ヨークミンスターというゴシック様式の大聖堂がシンボルだ。明日、観光することになっている。

旧市街のほぼ中央を流れるウーズ川沿いに建っていたパークインヨークというホテルにチェックインした。部屋番号は６１２号室。

イギリス初の夕食は、ホテルのレストランでローストビーフとヨークシャープディング。とても美味しかった。イギリス料理はまずいと聞いていたが、そんなことは全くなかった。ボリュームもあり大満足だった。

キングスカレッジチャペル

ケム川

ニュートンのリンゴの木

5月30日（金）

朝4時起床。朝食前に、恵子と朝の散歩。クリフォーズタワー、城壁、ウーズ川沿いのリバーサイドウォークなどヨークの旧市街のほぼ半分を歩き回った。古い建物群に感動。

朝食はイングリッシュ・ブレックファストで、チーズ、ハム、ソーセージなど食べたいだけ食べた。焼きトマトは新鮮な味だった。温かい料理は温かくして出され感じが良かった。

朝食後、ヨーク旧市街およびヨークミンスターを歩いて観光。

ヨークミンスターでもらったパンフレットによると、教会身廊は装飾様式、翼廊は初期イギリス様式、聖歌隊席は垂直様式と、３つの様式で作られているということだ。見どころはたくさんあるが、主なものは、翼廊北側の5人姉妹の窓、南側のバラ窓、そして聖歌隊席奥のグレートイーストウィンドウだ。グレートイーストウィンドウは、単独の窓にはめられた世界最大面積の中世のステンドグラスということだが、残念ながら工事中で見られなかった。

ヨーク観光後、約3時間のドライブで湖水地方ボウネスへ。

到着後、早速昼食。THE VILLAGE INNというレストランで名物のカンバーランドソーセージを食べた。おいしかった。

昼食の後、まず、ワールド・オブ・ベアトリクス・ポッターへ入場。恵子は子供の頃に読んだピーター・ラビットを思い出して楽しんでいた。また売店でピーター・ラビットの縫いぐるみを買って喜んでいた。それと小さくてかさばらないのでピーター・ラビットのマグネットを買った。この後、海外旅行に行くたびにマグネットをコレクションするようになった。そこを出たあと、湖上遊覧まで時間があったので、地元の店に入りキドニーパイを買った。後で食べよう。

ボウネス桟橋（Bowness Pier）からウィンダミア湖クルーズに出発。湖上から湖水地方の風景をたっぷり楽しんだ。

次にバスに乗ってグラスミアに移動。ダヴ・コテージ（ワーズワースが暮らした家）、ワーズワースの墓などを見た。ワーズワースの詩を読んだことがある恵子は、この場所に来て感慨深いものがありそうだったが、無知な私は「ああ、そうなのだ」と相槌を打つのが精一杯だった。

グラスミアには有名なジンジャーブレッドの店があると聞いていたので行った。意外と小さな店だった。私たちもジンジャーブレッドを買った。お店の人がフレンドリーで良かった。

イギリス2泊目のカーライルのホテル「クラウン・アンド・マイター」に着いたのは午後7時頃。部屋番号は441号室。夕飯はホテルのレストランでます料理。今日もハードな1日だった。

ヨークミンスター地下

ワーズワースのお墓

グラスミア・ジンジャーブレッド

5月31日（土）

朝4時起床。やっと今日になって体調が回復してきたような感じ。今回の旅行でカーライルはただ宿泊するためだけに来た場所。全く観光しないので、朝食前にカーライルの旧市街を一回りすることにした。

カーライルはイングランド北端にあり、スコットランドとは川ひとつ隔てた場所にある。イングランドとスコットランドの国境の町として、長い戦いの歴史があるようだ。

朝早いのでもちろん入場観光は出来ない。外観を見るだけだが、次のルートで市内の観光ポイントを一回りした。カーライル大聖堂からスタートし、カーライル城、ギルドホールを見て、シタデルへ。最後にカーライル駅のホームに立って、駅構内や停車中の電車の写真を撮った。朝食前の約1時間半、すばらしい観光になった。鼓動を始める街の息づかい、出会った人とかわすGood morningの挨拶。大都会にはない一種の親しみ易さを感じた。恵子はカーライルがとても大好きになったと言っていた。

昨日に続きボリュームたっぷりのイングリッシュ・ブレックファストを食べた後、8時に集合し、チェスターに向かった。

チェスターは中世の面影を残す古都で、まずローマ時代に築かれたという城壁を散歩した。次に、ザ・ロウズというアーケードの2階部分を歩いた。黒っぽい木造の床に歴史を感じた。

ザ・クロスという場所まで歩いてから、その場で20分間の自由行動の時間がもらえた。

少し時間が足りないかと思いながらもその20分間の間に、「パイド・ブル」という1155年創業、チェスターで一番古いといわれているパブに行き、ビールを飲んだ。古めかしい飴色の梁や壁に年月を感じる。ビールの味は日本と変わらないが冷えていないのがむしろイギリス流で良かった。店は昼時で結構混んでいた。こういうところで気軽に話せるくらい英語が出来たら良いと思う。

イギリスの本格的なパブを経験出来て恵子が非常に喜んでくれた。同時に私を見直したとも言ってくれた。日本出発前から自由時間があったら行こうと決めていたので実現出来て嬉しかった。


その後チェスター大聖堂を見学した。ガイドさんに説明してもらいながら見学したのだが、そもそも教会建築に関する知識がないことと、イギリスに来てから3日連続で大きな教会を見学していることなどで、それぞれの特徴を区別して覚えきれなかった。綺麗なステンドグラスだなーとか、天井は面白い形をしているなーとか、クリプト（地下聖堂）が広かったなーとか、何の関連性もなく印象に残すだけなので、歴史のあるゴシック様式の教会だと言われても、私にとっては「猫に小判」状態だった。「古いものを見させていただいてありがとうございました」というところだろうか。

大聖堂観光の後は、中華の昼ごはんだった。皆は喜んでいたが、恵子は「イギリスまで来て中華を食べなくていいのに」と言っていた。ツアーの人で、梅干し、佃煮、白ごはんを持ってきている人がいた。驚いた。

その後、ストーク・オン・トレントのウエッジウッドビジターセンターへ行った。平屋の平坦な建物で味気なかった。

センターで、恵子が7・5ポンド表示の商品を買ったが、レジで15ポンド要求され支払ったという。私のところにきて、何か納得がいかないと訴えてきた。陳列棚にある同じ商品で、15ポンドを半額にすると表示されていることを確認してから、係員のところへ行き抗議した。その結果、私の主張が正しくて、7・5ポンドにしてくれた。カタコトとは言え、英語で自分の主張を通すとはすごいと、恵子がまた私を見直したと言っていた。

ウエッジウッドでのトイレ休憩兼お買い物タイムを終えて、今夜の宿泊地ストラットフォード・アポン・エイボンを目指す。

ホテルはファルコンという名前。道路に面した部分は古い建物風だったが、中は近代的なホテルになっていた。部屋番号は１０９号室。

夕飯前に街を散策。今夜行くパブを探しながら歩いた。狭い街なので短い時間でもかなり回れた。

ホテルで夕飯を食べた後、恵子と二人でギャリックインという地元の小さなパブに行った。夕飯前の散歩で見つけておいたところだ。

パイド・ブルと比べて混んでいて、仕事帰りの人でほぼ立ち飲み状態だった。満足に英語を喋れないので緊張した。ザワザワとたくさんの言葉が行きかう中、場違いかなと不安になる。しかし、よそいきでないふだん着の街の様子が感じられて良かった。

今日はイギリスの古いパブ２軒に入り、良い経験をした。

カーライル駅

ザ・ロウズ

パイド・ブル

6月1日(日)

今朝は5時頃ホテルを出て散歩を開始。昨夜の散歩で回れなかったところを中心に行ったが、狭い街なので同じ場所も見たと思う。朝の散歩では、エイヴォン川のナローボート乗り場、アルヴェストン・マナー（「真夏の夜の夢」が初演されたと言われている古いホテル）、ストラットフォード・アポン・エイボン駅などに行った。ナローボートには乗ってみたいと思った。ストラットフォード・アポン・エイボン駅は小さな田舎駅で人がいなかったのでホームに出て写真を撮った。散歩の途中に人に会ったが、挨拶をかわさなかった。今までの街より少し都会的な冷たさを感じた。

朝食後、シェイクスピアの生家に行った。生家を見学するのに近代的なビルに入って行くので少し戸惑っていたのだが、シェイクスピアの生家の入口は、このビル「シェイクスピアセンター」から入っていくことになっていた。恵子はシェイクスピアを読んでいるので、その生家に来て感慨深さそうだった。

次にアンハサウェイ（シェイクスピアの妻）の家に行った。田舎風の大きな家で、庭に様々な花が咲いていておりきれいだった。

昼食はチキン料理。その際、elder flower と書かれた飲み物を飲んだが、味は覚えていない。

その後コッツウォルズの村へ。「コッツウォルズのベニス」と呼ばれるボートン・オン・ザ・ウォーターと「イギリスでいちばん美しい村」とも言われるバイブリーを見学。

ベニスに行ったことがないので分からないが、ボートン・オン・ザ・ウォーターは、幅数メートルほどの川に沿って、古い建物が建っているという感じの村だった。川辺には芝生が植えられており、イギリス人の親子が多数くつろいでいた。恵子と二人で屋台のアイスを買い、私たちも芝生のところに行って食べた。

ボートン・オン・ザ・ウォーターはとにかく人が多かった。私たちのような外国人観光客より地元イギリスの観光客の方が多いように見えた。

次にバイブリーに行ったが、こちらの方がしっとりと鄙びた感じがして、個人的には好きだった。

その後、いよいよロンドンに入った。ロンドンのホテルは、ジュリーズ・イン・チェルシー。最寄り駅は地下鉄フルハム・ブロードウェイ駅。ロンドン中心部から見た時には、やや西の外れという感じだが、地下鉄をうまく活用すればロンドン観光に不自由は無さそうだった。

夕食はフィッシュ・アンド・チップス。ピカデリーサーカス近くの店だったので、ホテルからそこへ行くまでがちょっとした観光になった(但し、バスからの車窓観光)。

イギリス名物フィッシュ・アンド・チップスはとてもおいしかった。飲み物はSTELLA ARTOISというビールにした。

アンハサウェイの家

ボートン・オン・ザ・ウォーター

バイブリー

6月2日（月）

いよいよ旅のメイン・イベント、恵子と二人でロンドン自由散策の日。朝食ではいつものように焼きトマト、マッシュポテト、豆の煮たものをたっぷり食べて力をつけて出発。

ホテルから地下鉄フルハム・ブロードウェイ駅まで歩き、駅で地下鉄1日券を6・8ポンドで購入。これでほとんどのロンドン名所が含まれるゾーン1〜2が1日乗り放題だ。

ヴィクトリア駅で降りて、クイーンズ・ギャラリーの前を通ってバッキンガム宮殿へ。ガイドブックによるとクイーンズ・ギャラリーも見どころ満載のようだが、ロンドン全域を1日で回らなければならないので、外観を見ることのみで我慢。今日は外観のみを観光する場所が多くなるがやむを得ない。

バッキンガム宮殿前でしばらく時間を取り、宮殿、クイーン・ヴィクトリア・メモリアル、ザ・マルなどの写真を撮る。その後、セント・ジェームズ・パークを歩く。恵子がリスを見つける。イギリスに着いた日にドライブインでも見ているので、どこにでもリスがいるんだと言っていた。

そのまま歩き続けて、国会議事堂／ビッグベンまで行った。ウェストミンスター・ブリッジの上からビッグベンを狙って写真を撮った。

ウェストミンスター寺院に入場しようと思って、列に並んだが、混んでいたので入場を断念した。この時、列がいくつかあったので、恵子が、どこに並べば良いか係員に英語で話しかけたが全く通じず。何回もチャレンジしたが駄目で、やけくそになって日本語＋身振り手振りで説明するとあっさり通じたようだ。恵子は英語を勉強しているので屈辱的だったと言っていた。

なお、ウェストミンスター寺院は教会建築としての興味というより、イギリス王室との深い関係から興味があった。

次にロンドン塔に行くため地下鉄ウェストミンスター駅から乗車し、タワーヒル駅で下車した。そこでハプニングが発生！　タワーヒル駅から地上に出る階段のところで、私が転倒してしまったのだ。かなり強く額を打って、一瞬私の頭をよぎったのは「これでロンドン自由行動は終わった」。しかし額から少し血が出たが、意識ははっきりしていたので、恵子の楽しみを奪わないよう頑張ることにした。恵子は心配してくれたが大丈夫と答えた。後で思ったことは何があるかわからないので海外旅行保険に入っていて良かったということだ。

ロンドン塔は大変混んでいたが、あきらめずに待って入場した。混んでいるからと言って諦めると、何処にも入れないと思ったからだ。ロンドン塔というぐらいで、何とかタワーという名前の付く場所がたくさんあった。その昇り降りで足が疲れて中庭で休んでいる時、少し前方に座っていた若い女性が、リュックからリンゴ（日本のリンゴより小さめ）を出して丸かじりで食べ始めた。それが何となく気になり、恵子と「イギリス人はああやってリンゴを食べるのだろうか。リンゴが好きでよく食べるのだろうか」と話し合った。

恵子はお土産にロンドン塔のカラスを買っていた。

ロンドンブリッジには近くまで行き、外観のみ観光。これは予定の行動。

次はサプライズで恵子にも内緒にしていた場所に行った。それはシャーロックホームズ博物館。ここを観光ポイントに組み込むことで手作り感満載の自由行動にしたかった。地下鉄ベーカー・ストリート駅からすぐ近くで迷わずに行けた。説明にいたお姉さんも親切で一緒に写真を撮ってくれた。恵子大満足。

次は地下鉄ホルボーン駅から大英博物館へ。もちろん入場した。

あまりに広いので、ここはガイドブックに必見と書いてあった展示品を中心に見ることにした。すなわち、ロゼッタ・ストーン、ラムセス2世の胸像、アメンヘテプ3世の頭像、人面有翼牡牛像、パルテノン神殿の破風彫刻、ジンジャー等々。でもこれだけでも疲れた。

そろそろ昼食。昼食もサプライズでフォートナム＆メイソンでアフタヌーンティーにした。高級感漂うデパートの5階、セント・ジェイムズに入った。ウエイターも感じよく気持ちよく食事が出来た。サンドイッチのお替わりまでしてしまった。二人で56ポンド、これにサービス料7ポンドを加えて計63ポンドだった。日本人で、しかも観光客だから臆せず入ったが、フォートナム&メイソンはやや敷居が高いと感じた。良い経験が出来た。店内でショッピングも楽しみ、紅茶などをお土産に買った。もちろん高級デパートでの食事とショッピングは私の考えた恵子のためのロンドン観光の一つだ。

ハイドパークからナイツブリッジまで地下鉄に乗ってハロッズまで行き、再びショッピング。ここでは雑貨やお土産を購入。

フルハム・ブロードウェイ駅まで帰り、疲れ切ってしまったので、夕飯は駅構内のセインツベリーズでビールとご飯を買ってホテルで食べた。ビールはCARLINGという銘柄にした。

朝7時半にホテルを出て、ホテルに帰ったのは20時半。13時間もロンドン中を歩き回った。事前に予定していた観光はほぼ出来たが、一つだけ出来なかったことがある。それは英国王室御用達のブランド品が買えなかったことだ。日本から持ってきた地図を頼りに店を探したのだが、地図に示された場所に店がなかったのだ。残念だった。

ビッグベン

バッキンガム宮殿

ロンドン塔

シャーロックホームズ博物館

シャーロックホームズ博物館館内

フォートナム＆メイソン

6月3日（火）

今朝は散歩の予定がなかったので7時頃に起床。7時10分に部屋を出て朝食を取った。8時前に部屋に戻り、スーツケースをドアの前に出してから9時まで部屋でゆっくりした。その後ロビーに行き、全員が集合してからヒースロー空港へ向かった。

添乗員の志野さんが手際よく出国の準備をして下さったので、出国審査もすんなり通った。今回もパスポートへの出国スタンプの捺印は無かった。これでイギリスを旅行したと言えるのだろうか。

12時過ぎのキャセイパシフィック航空ＣＸ２５２便で香港に向かった。

時間を正確に示せないが、ロンドンを昼の12時に出発して、香港までの飛行時間が約12時間ということなので、今日という日は香港まで飛行機に乗り続けておしまいということになるだろう。この間、機内食が2回出た。

6月4日（水）

香港で飛行機を乗り継いだ。今回は午前中の乗り換えだったので、待ち時間はさほど苦にならなかった。飛行機はキャセイパシフィック航空ＣＸ５０６便。機内ではあいかわらずの機内食攻めで私の胃は拡張しっぱなしだった。

関空で志野さんと別れを惜しんでから、はるかに乗って帰宅。自宅の最寄り駅に着いたのは午後5時頃で、タクシーに乗って家まで帰った。

旅行は終わってしまったが恵子はとても喜んでくれた。私はそれだけで満足だ。おおげさかもしれないが、もういつ死んでも悔いはない気分だ。

体重は旅行前より増えていたが、たったの２・８kgアップ。直ぐに元に戻せる範囲だ。良かった。

CRUISE INFORMATION
CRUISE INFORMATION

2. イタリア旅行

２００９年3月18日（水）

イタリアは世界遺産の宝庫だが、今回の旅行ではシエナが特に楽しみだ。イタリア旅行にはいろいろなコースがあるが、立ち寄り先にシエナがあるのでこのコースを選んだ。

朝、子供に最寄り駅まで送ってもらった。最寄り駅から関空特急「はるか」で関西空港へ行った。飛行機の出発時間が昼12時で、その２時間前に団体受付カウンターに集合することになっていた。集合時間前に到着して、時間通りに受付を終えたのだが、肝心の飛行機が遅れてしまった。なお添乗員は泉さんという女性で、後で分かったが、イタリア大好き女性だった。こういう添乗員さんだと心強い。

12時の出発が遅れたため、航空会社から千円の昼食券が出た。空港内のがんこ寿司でにぎり寿司「竹」を食べた。消費税込みで千二十九円。二十九円の足が出た。

フィンランド航空ＡＹ０７８便は約一時間半遅れでヘルシンキへ向けて出発した。座席は通路側で、しかもトイレがすぐ近くにあったので、ホッとした。

機内ではまず飲み物が出た。最初はとりあえずビール。フィンランド航空ということで、フィンランドビールにしてみた。私がLAPIN KULTAという銘柄で、恵子がKOFFという銘柄だった。缶ビールであったが美味しかった。２杯目は恵子がリンゴジュース、私は野菜ジュースを飲んだ。

機内食はメインが照り焼きチキンだった。それに日本そば、パン、サラダ、青りんごのゼリーが付いていたが、日本そばとパンが同時に出るのは少し変わった取り合わせだと思った。

ヘルシンキ到着までに機内食がもう一回出た。マカロニのトマト煮みたいなもので、唐辛子で辛く味付けしてあった。辛い物好きの恵子は「おいしい」と言いながら食べていた。今回の機内食は口に合っているみたいだった。

ヘルシンキに到着。目的地はイタリアなのだが、シェンゲン協定によりフィンランドでEUへの入国手続きをした。このあとシェンゲン協定加盟国内では国内移動の扱いだ。

急いでミラノ行きのＡＹ７９５便に搭乗。我々の到着が遅かったので、乗り継ぎ便はかなり待っていてくれたようだ。機内に入った時には、我々ツアー客以外の座席はほぼ埋まっていた。

前から座っていた人の容貌はほとんどが西洋人。陽気に騒いでいる人が数名いた上に、飛行機がミラノ行きということでみんなイタリア人に見えてきた。

ＡＹ７９５便でも機内食が出た。マカロニ料理だった。飲み物はアサヒビール。日本のビールは旨い！

飛行機は明るい時間帯の運行だったので景色を見ることができた。厚い雲に遮られて見にくかったとは言えヨーロッパアルプスが見えたのは感動的だった。

ミラノのマルペンサ国際空港に着いてトイレを済ませた後、20ユーロ札を小銭に替えた。イタリアでの入国審査は無いので、スーツケースを受け取った後、バスでホテルに向かった。夜中だったので道路脇の初イタリアの景色はよく見えなかったが、空港からホテルまでの間に、これぞイタリアという景色には出会わなかったような気がする。いくらイタリアでも全土に古代や中世の佇まいがあるわけないよね。

最初の宿泊地レオナルド・ダ・ビンチホテルはロケーション、設備ともあまり良いホテルではなかった。部屋は広くてゆったりしていたが、完全に名前負けしているホテルだと思った。

我々が到着したのは夜遅かったのだが、我々と同じような日本人の団体旅行客がチェックイン手続きを待っていたので驚いた。向こうも驚いていたかな。

添乗員さんから部屋番号２０３の鍵をもらって、部屋で旅装を解く。

イギリス旅行以来、早朝出発前、あるいはその日の観光を終えてホテルに帰った後、恵子と二人で周辺を散歩するのが楽しみになっていたが、さすがに長旅直後の今夜はやめた。かわりにホテルのバーで飲んだ。

ホテル内とは言え、初めてイタリアの店に入るということでドキドキしながらバーに向かった。バーに着いたら、店舗という感じのものではなく、廊下の一画を仕切ってイスとテーブルを置いたオープンなものだった。緊張していたのに拍子抜け。とりあえず恵子が5ユーロのスパークリングワイン、私が同じく5ユーロのビールを飲み、合計10ユーロ、チップ1ユーロで11ユーロを支払った。

3月19日（木）

恵子が「お父さん！　どうしよう！　もう7時半だ！」と騒いでいる声で目が覚めた。びっくりして飛び起きると、現地時間で午前1時半頃だった。どうやら時計の見方を間違ったようだが、時差ボケで時間の感覚がずれているのも原因だった。一度起きてからは定期的に睡眠が浅くなり、何となく寝足りないような感じのまま午前5時半に起床した。

朝食が7時からなのでスーツケースの整理などを終えて、少し早いかと思いながら、6時50分頃に食堂へ向かう。そうしたら食堂の前に既に順番待ちの行列が出来ていてびっくり。失念していたのだ、我々の団体を含めて多数の日本人観光客が宿泊していたことを。大失敗と後悔しつつ「さすが時間に正確な日本人」と感心してもいた。

食事待ちの行列は結構長くて、自分たちの番がきたのは7時15分頃、食事を終えたのは7時35分頃だった。急いで部屋に戻り、スーツケースをポーターさんに預けてチェックアウトしたのは7時50分頃だった。

8時の集合時間には何とか間に合ったが、もう少し遅かったら朝食抜きの可能性があった。

バスでイタリア旅行最初の観光地スフォルツェスコ城に向かった。バスの中から見たミラノの街は、朝の通勤風景の中だった。トラムなども見え活気のある大都会の雰囲気だった。

スフォルツェスコ城は、ミラノを統治したヴィスコンティ家が14世紀に建造した城塞だ。城の中には入らず、中庭のみ散策した。添乗員さんがいろいろ説明してくれたがイヤホンガイドが上手に耳に掛からずあまり聞き取れなかった。そのため、だらだら庭を歩いている気持ちになり、これだったら近くのサンタ・マリア・デッレ・グラツィエ教会でレオナルド・ダ・ビンチの最後の晩餐を見たかったと、ないものねだりをしてしまった。

次にスカラ座あたりを散策。スカラ広場からビットリオ・エマヌエレ2世ガレリアに行き、やっとミラノに来たという感じになった。ビットリオ・エマヌエレ2世ガレリアは1867年建造でスカラ座(スカラ広場)とドゥオモを結ぶ十字形のアーケードだ。ルイ・ヴィトンなどブランドの店が並ぶ中にマクドナルドがあったが、周囲と調和して格調ある外観のマックだった。

恵子は、アーケードの有名ポイント、十字の交差付近にある牡牛のモザイクの股間部分に踵をつけながら一回り(これをやると幸せが訪れる、旅行者は再びミラノに戻れるという言い伝えがある)。またミラノに来られるといいね、恵子。

アーケードを抜けて見えてきたドゥオモは圧巻だった。語彙と知識が不足しているため言葉でどう表現したらよいか分からないが、ファサードの存在感と尖塔の多さに目を奪われた。恵子と二人でドゥオモの屋根に登り、尖塔を間近に見た。高い所からミラノの風景も堪能できた。

昼食は、何故かGolden Gateという名前のリストランテ。看板にも橋の絵があった。ミラノの名物料理ということでリゾット・ミラネーゼとミラノ風カツレツだった。ミラノ風カツレツは初めて食べた。カツという名前から、日本のトンカツのイメージで肉厚のものを想像していたが、肉が薄くて以外だった。でも、あっさりとしており、とてもおいしかった。ボリュームも少なかったので二枚はいけた。食事中のビールはBIRRA MORETTIにした。ビールを飲んでいる男性の絵が面白かった。

バスでベローナに移動。ベローナ市街は世界遺産に登録されており、古代ローマ時代の円形競技場跡などが残る歴史の古い街だ。中世のたたずまいがあちこちに残る雰囲気の良い街で、街歩きが楽しかった。

ジュリエットの家に行き、ジュリエット像の右胸に触れるというお決まりのポーズで写真を撮ることにした(右胸に触れると幸せが訪れる・恋愛が成就するというジンクスがあり、順番待ちの列が出来ていた)。銅像とは言え、さすがに男性の私ひとりで胸に触れるのは恥ずかしかったので、添乗員の泉さんに頼んで、恵子と二人で胸に触れている写真を撮ってもらった。

短い自由時間があったので、恵子がエルベ広場の市場でフルーツの盛り合わせを買い、二人で食べた。

また、円形競技場の前にあったカバの絵の看板のippopotamoというジェラート屋さんで恵子にイタリアンジェラートを買ってあげた。「買ってあげた」と表現をしたのは、恵子がイタリア語を喋りたくないので、私に注文してくれと言ってきたからだ。美味しそうに食べていた。

ベローナを出発して次の宿泊地メストレを目指したが、バスの運転手が高速道路を猛スピードで飛ばす。事故を起こさないかヒヤヒヤしていたが、おかげでメストレには早く到着した。喜んで良いやら悪いやら。

メストレのアレキサンダーというホテルにチェックイン。部屋は１４０号室だった。ベネチア本島の中にあるホテルでは無かったが仕方がない。

夕食はホテルのレストランでとり、私の大好きなイカスミのパスタとシーフードフライだった。飲み物はNASTRO AZZURROというビールとRECOAROというミネラルウォーターにした。食後のカフェラテもおいしかった。

夕飯後、部屋に戻ってベッドに横になったら、疲れとアルコールの酔いで、そのまま朝まで寝てしまった。

ピットリオ・エマヌエレ２世
ガレリア

ミラノ・ドゥオモ

ベローナ・円形競技場前

3月20日（金）

朝7時30分にホテルを出発。メストレにあるホテルなので、それほど時間がかからずにベネチアへ到着。ベネチア本島に渡る長いリベルタ橋を走っている間、いよいよベネチアに来たという気持ちが高まってきた。

バスは本島に入ってすぐのトロンケット駐車場に停まった。そこから船に乗り換えて、サン・マルコ広場近くの船着き場に到着。約30分の乗船中、海の上から特異な海上都市の景観を楽しむことができた。本島対岸にあるサン・ジョルジョ・マッジョーレ島の教会もきれいだった。

船を降りてイタリア人のガイドさんと合流。日本語がとてもうまく、しかも分かりやすい日本語だった。ドゥカーレ宮に入館する前に少し時間があったのでサン・マルコ広場で写真タイムをとってもらえた。サン・マルコ広場はアクア・アルタで水没したというニュースが以前日本でも流れたことがあるが、そうなると歩きにくいだろうなと想像した。

ドゥカーレ宮はベネチア共和国の政治の中枢があった建物で、調度品、壁画・天井画とも素晴らしかった。世界最大の油絵がここにあることも初めて知った。溜め息の橋を渡って囚人の牢獄なども見た。外からはうかがい知れない厳しい歴史の現実を知った。

次にサン・マルコ寺院を見学。サン・マルコ寺院はイスラムのモスクを思わせる屋根は覚えているが、内部はあまり覚えていない。本によると、聖マルコの聖遺骸を安置するために建設された教会とある。

次に、サン・マルコ広場に面したベネチアングラスの店に行き、職人さんがガラス細工をする様子を見学した。器用に、ガラスのかたまりから馬が走っている形を作り出していた。職人さんの作業の見学が終わった後は、そのお店でショッピングタイム。うまく出来ている。恵子はいろいろ物色して何か買いたそうな感じだったが、その場はあきらめて自由時間に突入した。旅行スケジュールでは、ベネチアでの昼食は各自となっていたので、自分たちで昼ごはんも何とかしなければいけなかった。

まずはベネチア観光で外せない名所の一つリアルト橋を目指して歩く。リアルト橋はカナル・グランデ（大運河）に最初に架けられた橋とある。さすがに人気の観光スポットだけにすごい人だかりだった。小さな女の子が喋っているフランス語が聞こえてきた。世界各地から観光客が来ているのだろう。

適当に写真を撮った後、食事する場所を探した。ガイドブックに、リアルト橋に近くて観光客も入りやすい店と紹介されていた「ムーロ・ヴィーノ・エ・クチーナ」で食事をするつもりだった。

店はすぐ見つかり、片言のイタリア語（もちろん文章ではなく「単語＋ペルファボーレ」のみ！）

を使って何とか注文を終えた(帰国後、恵子に聞いたら、注文している私の様子が焦っている感じで、面白かったらしい)。

冷や汗を掻きながらビール、白ワイン、オープンサンド(4個)をゲット。外の席で食べることにしたのだが、注文した品を席まで運んでくれた。テイクアウト的な感じを想像していたので、親切だと思った。

その時レシートを同時に持ってきてくれたが、食事後に支払うつもりでいたのでお金は払わなかった。支払いはレシートを持ってきてくれた時にすべきだったのだろうか、それとも食事後でもよかったのだろうか。未だにどうすべきだったか分からない。言葉の通じない日本人だから大目に見てくれたのだと思うしかない。

昼食後、魚市場、カ・ドーロ、ポーポロ階段などの見物、皮手袋の店でのショッピング等をしながらサン・マルコ広場に帰る。短時間ではあったが、地図を片手に運河沿いの道や狭い路地を気の向くままに歩いたことでベネチアの住人になった気持ちをいっとき味わうことが出来た。あんなに観光客が多いのに、誰ともすれ違わない小さな路地もあり、ベネチアの街は奥が深いと思った。

広場では、さっきのベネチアングラスの店で見た恵子の顔(何か買いたそうな顔)が忘れられなかったので、もう一度ベネチアングラスの店に入ろうと誘った。結局、ベネチアングラスのネックレスを買った。恵子の喜ぶ顔を見るのは嬉しいものだ。

自由時間が終わり、次にゴンドラ遊覧を楽しむことになった。ゴンドラには6人乗ったが兵庫県から参加されたご夫婦と乗り合わせて仲良くなり、その後の旅行中に言葉を交わすようになった。後で聞いたら恵子はゴンドラ遊覧がとても楽しかったと言っていた。

サン・マルコ広場で集合を待っている間、恵子が初めて一人で買物に行き「値切って買えた！しかも自分の英語が通じて少し自信がついた！」と興奮気味に帰ってきた。

ベネチアでの観光を終わり船でトロンケット駐車場へ戻り、バスに乗り、次の宿泊地プラートを目指した。途中、ツーリストマーケットという日本人団体旅行者のためだけに開いているような土産物屋に寄った。そこでパルメザンチーズ、からすみ、ワイン等々、思いの外、多くの買い物をしてしまった。旅行会社に乗せられてしまった感はあるが、便利である。

バスの運転手が相変わらず高速道、一般道とも暴走してくれたのでプラートのホテルには早く着いた。プラートはフィレンツェ近郊の町だ。ホテルはパレスという名前で、私たちの部屋は412号室だった。

夕飯はホテルのレストランで野菜のパスタと七面鳥の煮込みだった。

ベネチア　サンマルコ広場

ベネチア　運河

ベネチア・ゴンドラ

3月21日(土)

少し時差にも慣れてきたようで朝5時半に起床。ただし旅の疲れのせいか、頭痛があったのでバッファリンを飲んだ。

恵子が、今日の天候が分からないので今日着る服に困るというので、朝食前にホテルの外に出て少しぶらぶらした。朝とは言え大分寒く感じたので、しっかり着込むことにした。結局、この日は終日10℃前後だったので、少し厚着で大正解だった。

ホテルの朝食はあまり良くなかった。イギリス旅行の時の食事は良かったと恵子と話す。朝食後にピサに向けて出発。高速道路を使って移動したが、車窓風景にトスカーナを感じる。

今日のガイドは佐藤さんという女性であったが、立て板に水というか、知識が豊富でとても分かりやすい説明だった。バスで移動中に、「これは得する情報です」と前置きして、ピサの斜塔に登れることを教えてくれた。旅行前のＪＴＢのパンフレットには、斜塔は外観を見るだけと書いてあったので、端から登ることは諦めていたのだが、俄然登る気になった。

バスの中で斜塔に登りたい人の人数を確認し、ピサに着いたら佐藤さんが直ぐに人数分のチケットを購入する手はずになった。もちろん私たちもお願いした。斜塔に登れるのは毎時00分、20分、40分で1回に40名限定ということで、チケットが買えるかどうかわからなかったが、幸運にも10時20分の回が買えた。

時間まで洗礼堂、ドゥオモを見物したが素晴らしかった。洗礼堂では30分に1回実施される堂内の音響効果を聞かせるイベントに遭遇。素晴らしい反響音だった。

時間がきてピサの斜塔に登る。約３００段ある階段はきつかったが、恵子もしっかり登りきった。階段は狭く傾いていたが、狭い分、体が包まれている感じがして安心感すらあった。独特な感覚は忘れられない。

風が強くあおられるようだったが、斜塔の最上階から見るピサの町は、緑の大地に中世のトスカーナがそのまま残っている感じで、とても美しく絵葉書の絵そのものだった。ガリレオの落下実験のエピソードで日本でも超有名なピサの斜塔に自分の足で登った。とても貴重な体験が出来た。

我々の後の10時40分の回の人達は強風のため登頂中止となった。本当にラッキーだった。

ピサを後にしてバスでフィレンツェへ向かった。フィレンツェに着き、まずミケランジェロ広場へ行った。広場からはアルノ川を挟んでフィレンツェの街が俯瞰できる。絵ハガキなどでも有名な眺望ポイントだ。自分の目でフィレンツェの街並みを見て、あらためて、ルネサンスの都に来たと感慨深いものがあった。

フィレンツェ中心部に入って昼食。TREMERLIというレストランで、きのこのパスタを食べた。

その後、歩いて市内観光。サン・ジョバンニ洗礼堂、ジョットの大鐘楼、ドゥオモ等の荘厳さ、華麗さに圧倒された。

シニョリーア広場で適宜写真を撮った後、佐藤さんの案内でウフィッツィ美術館へ入った。ちなみにウフィッツィとはイタリア語で事務所という意味だと教えてもらった。それはともかく収蔵品のすごさに圧倒された。教科書でしか見たことがないボッティチェリの「ヴィーナスの誕生」、「春」を始めとして、ルネサンス期の芸術作品がこれでもかという感じで展示されていた。佐藤さんの分かりやすい解説でいっぱしの芸術通になったような気になった。しかし教わったことを直ぐに忘れる頭の悪さはなんとかならないものだろうか。


市内観光でフィレンツェの魅力にたっぷり浸った後、いよいよ待ちに待った自由時間がきた。恵子と二人でフィレンツェの町に飛び出す。

最初にドゥオモの大クーポラに登ろうと思って行ったのだが残念ながら閉まっていた。佐藤さんは19時まで大丈夫と言っていたのだが、案内板を確認したら16時50分までだった。名解説の佐藤さんもこの点だけはご存知なかったようだ。

やむを得ず街歩きの二番目の目的に挙げていたカフェの老舗「ジッリ」（1700年代創業）に入り、カプチーノを飲んだ。恵子は満足してくれたようだ。

その後、旅行ガイドブックに載っていたマーブル紙の店に行くことにしたが店がなかった。地図に示された通りに行ったので、おそらくガイドブックが間違っていたのだと思う。昨年のイギリス旅行でもガイドブックがひとすじ道を間違えていたので目的の店に辿り着けなかったという経験をしている。

地図に載っている付近をうろうろしていたら専門店ではないがマーブル紙を売っている店があった。その店で恵子が子供へのお土産のマーブル紙（9ユーロ）と、自分用にマーブル紙で包まれた鉛筆（3ユーロ）を2本買った。文房具好きな恵子にとっては格好なお土産である。

旅行で同行している他の人たちがお金に糸目をつけない感じでいろいろなものを買っているのに対して、持ってきたお小遣いの範囲で買物をすべく、欲しいものを我慢しているように見える恵子が可哀そうになる。

何かしてやりたい気持ちになり、市内観光の時に立ち寄った皮革製品の店で、恵子がカバンに興味を示していたことを思い出した。ドゥオモ近くにあるその店に再び行き、気に入ったカバンがあったら買うように勧めた。恵子もその気になってカバンを買ってくれた。私もとてもうれしい気持ちになった。

自由時間の後、19時に全員集合してレストランに行った。夕食はトスカーナ名物ビステッカ・フィオレンティーナ。夕食後、夜のフィレンツェを歩いてバスまで戻り、プラートのホテルに帰った。プラートでは2連泊。大満足の一日だった。

フィレンツェ

ピサの斜塔　頂上

ピサの斜塔

3月22日（日）

いよいよ今日は楽しみにしていたトスカーナの古都巡りの日だ。

朝8時30分にホテルを出発してサン・ジミニャーノを目指す。道路が空いていたため現地に早く着きすぎるということで、添乗員さんと運転手さんが相談して急遽ワイナリーに寄ることになった。スケジュールが決まっているツアーでこんなサプライズもあるのだと思った。計画的なような気もしたが添乗員の泉さんの「特別に」という言葉を信じた。私はワインの試飲をしたのみで何も買わなかったが、バルサミコソースなども売っており、買っている人も結構いた。

10時頃にサン・ジミニャーノに到着。サン・ジミニャーノは世界遺産に指定された街。ガイドブックによると、中世に貴族たちが権力の象徴として建てた多くの塔が聳える街で、最盛期には70を超える塔があったらしい。少なくなったとは言え、現在でも14の塔が残っているということだ。

バスの駐車場から少し歩いたら門に着いた。門から見える景色は中世の街並みそのものだった。ガイドさんの案内で石畳のメインストリートを歩いた。道の両側は土産物屋さんが並んでいた。古い町並みは、まるで映画のセットのようだった。チステルナ広場の井戸の跡などを見ながら、塔を除いてはサン・ジミニャーノで一番高い位置にあるという広場まで歩き、緑豊かなトスカーナの風景を眺めた。心が穏やかになる景色だ。糸杉の写真も撮った。

約40分の自由時間を与えてもらった。真っ先に、サン・ジミニャーノの象徴である塔に登ることにした。お金5ユーロを払ってグロッサの塔に入った。恵子と二人で頂上を目指したのだが、高所の苦手な恵子は頂上目前になって高さが怖くなりそれ以上登ることを断念した。私一人だけ頂上まで登った。塔の上からの眺めはさっき街の一番高いところにある広場から眺めた風景とそれほど変わらなかったが、歴史ある塔に登ったという満足感があった。

塔から降りてきて売店でお土産を選んだ。恵子とペアのTシャツを買おうとしたが言葉が通じなくて苦労した。特にサイズを分かってもらうのが大変だった。売店のおばさんも困っていたが、許してもらおう。とりあえず恵子にSサイズ、私にLサイズが買えた。集合時間が迫っていたので、50セントでトイレを借りた後、急いで集合場所に行った。40分の自由時間はあっという間に終わってしまった。

サン・ジミニャーノを出発して次の目的地シエナに向かった。シエナは中世にはトスカーナ地方の覇権をフィレンツェと争うほどの力のある都市だった。金融業で栄え、世界最古の銀行もシエナにあるという。旧市街は世界遺産に指定されている。イタリアはどこも素晴らしいが、今回の旅行ではシエナが一番来たかった場所だ。

シエナの城壁そばの駐車場にバスを停めた。バスを降りて徒歩で旧市街を目指した。添乗員さんの後ろについて歩いているだけなので どの道を辿っているのか分からなかったが、突然、カンポ広場が眼前に現れた！

来た！　ついに来たのだ！　シエナに、カンポ広場に。カンポ広場はプッブリコ宮殿やマンジャの塔に囲まれている貝殻の形をした広場で世界一美しいと称賛されている。まさにその通りだった。パリオと言われる町（コントラーダ）対抗の競馬が実施されることでも有名だ。

昼食は何とカンポ広場に面したレストランSpadafoteでとることになっていた。団体なので私は窓際の席に座れなかったが、カンポ広場に面したレストランで食事が出来る幸せをかみしめていた。昼食はペンネとポークグリルだった。

昼食後もガイドさんに連れられて旧市街を少し散歩したがどこをどう歩いたか覚えていない。ただ２００４年から一般公開が始まったというドゥオモのフレスコ画は良かった。長い間非公開だったため か保存状態が良く、とても鮮やかな色彩だった。聖堂外壁の白と黒の大理石による横縞模様も印象的だった。

団体行動の時間が長かったので、自由時間は15分しかなかった（トホホ……）。カンポ広場に面したお土産屋で買物をするので精一杯だった。マグネット、バンダナ、シエナに関する本などを自分用に買った。

短い滞在ではあったが自分の足でシエナの地が踏めたことに大満足だった。

シエナを後にしてバスは一目散にローマに向かった。車窓からオルヴィエートの村が見えた。

ローマ到着後、中華の夕食。天津飯と漢字で書かれた看板が懐かしい。円卓がいくつかあって、自分の好きな円卓に座る形だったが、若い人たちの多いテーブルだった。テーブルは恵子が選んだが、おそらく他のテーブルに恵子と気が合わない人がいたのだと思う。

夕食後ホテルに真っすぐ帰る予定だったがバスの運転手のマッシモさんがローマ市内の夜景を見せてくれるために走ってくれた。共和国広場、ビットリオ・エマヌエレⅡ世聖堂、サンピエトロ大聖堂などのライトアップを見せてくれたし、場所によってはバスから降ろして歩かせてくれた。マッシモさんのサービスに感激した私は、ホテルでバスを降りる時にマッシモさんに5ユーロのチップを渡した。その時の会話は次の通り。

私「シニョーリ　マッシモ」

マッシモ「……」

私「モルト　モルト　グラッチェ」

マッシモ「プレーゴ」（この後、チップ5ユーロを渡した）

私「アリベデルチ」

マッシモ「グラッチェ　アリベデルチ」（単語の羅列だが気持ちは通じたと思う）

ホテルはプリンセスという名前で、ローマ市内に位置しているとは言え、中心部からは西側にかなり離れていた。最寄り駅は地下鉄コルネリア駅だが、ホテルまで徒歩20分もかかるので、地下鉄を利用する気にはなれなかった。部屋番号は３０６号室だった。

サン・ジミニャーノ

シエナ　市街

シエナ　カンポ広場

3月23日（月）

いよいよイタリア観光最後の日。今日は見どころ盛りだくさんのためモーニングコールが5時45分で朝食が6時30分。出発も7時30分だった。

最初にバチカン美術館とシスティーナ礼拝堂に入場。ガイドさんの事前説明がくどいぐらいだったが、あとで、説明を受けておいて良かったと思った。システィーナ礼拝室に入って、ミケランジェロの絵のスケールにただただ圧倒されたのだが、ガイドさんに教えてもらった絵の見方、礼拝堂の中で絵を見るのに最適な位置を思い出し、確認しながら見ることができた。ありきたりの表現になるがミケランジェロはやはりすごかった。

なおシスティーナ礼拝室はコンクラーヴェという次期ローマ教皇を選出する会議の開催場所ということだ。

次にサンピエトロ大聖堂へ入場。何かの儀式をやっていて荘厳な音楽が流れており讃美歌らしき歌声も聞こえた。ガイドさんのピエタ像の説明を聞きながら、キリスト教徒でもない私の目の中に、多少の水分が溜まってしまった。それにしてもサンピエトロ大聖堂の大きさに圧倒されてしまった。

サンピエトロ大聖堂を出て、スイスの衛兵の写真を撮った。その後サンピエトロ広場を歩き、広場を出て直ぐのところにあった土産物屋に入った。さすがにキリスト教関連のお土産ばかりだったが数点買い求めた。

次にバスに乗りフォロロマーノを車窓から見ながらコロッセオへ。コロッセオの前で集合写真を撮った後、約20分の自由時間があった。さすがに20分でコロッセオの中に入るのは諦めて、外側の写真をバチバチと撮った。あちこちに古代ローマの兵隊に扮装した人がいたが、記念と思って一緒に写真を撮ると法外なお金を要求されると教えてもらっていたので、それらの人たちを避けるようにして写真を撮った。

20分という、無いに等しい自由時間があっという間に終わり、次はトイレ休憩という名目でローマ三越に行った。実際のところは我々観光客にお金を使ってもらうためかなと思う。ブランド品を物色して恵子は何か買いたそうだったが、迷った挙げ句に決心がつかず結局何も買わなかった。恵子のあの顔、欲しいのだが買えないという顔を見るのが辛い。このあとの自由行動の時に再度ここに来ようと思う。

次は昼食。LA BAIAというリストランテで、今回の旅行で初めてピザ（カプリチョーザ）がでた。あとの自由行動のことを考えて、昼食時の飲み物は、アルコールを控えて水にした。ビール1杯程度は問題ないと思うが、私は基本的にアルコールに弱い。お酒を飲むと、往々にして、眠くなったり、動くのが面倒くさくなったりする。そうなると貴重な自由行動の時間が台無しになってしまうので、ここはガマン。今回の旅行で昼食時にアルコール飲料を注文しなかったのは初めてだ。

昼食後はトレビの泉の近くまでバスで行った。バスでの移動はこれで最後。ということは運転手のマッシモさんともここでお別れだ。マッシモさん、大変お世話になりました。アリベデルチ！

トレビの泉ではお決まりのコイン投げ。泉を背にして、恵子は1セントユーロ、私は10円玉を肩越しに投げ込んだ。もう一度ローマに帰ってこられるだろうか。それにしても泉の周辺は観光客や遠足で来たような子供たちであふれんばかりの人だかりだった。

トレビの泉からスペイン広場まで歩いて移動。ガイドさんが「スリに注意」、「ミサンガ売りに注意」と口を酸っぱくして言われるので、そんなに悪い人が多いのかと心配になった。スペイン広場で自由行動時の簡単なガイドを受けた後、ドキドキの中、いよいよ自由行動を開始した。やや遅めの15時30分スタートだった。

まずスペイン広場近くのキウラートという店でプラスチックの皿を買った。プラスチックの中に本物の花や果物を入れて固めたものだ。お店には日本人スタッフがいて安心だったが、日本人ってどこにでもいるのだなと思った。

次に、添乗員の泉さんが教えてくれた名所で、私も事前に考えていたパンテオンを中心とした地区を歩くことにした。コンドッティ通りを抜け、ベルニーニ作の四大陸の噴水があるナヴォーナ広場に行った。ナヴォーナ広場は古代ローマ時代には競技場だったらしい。次に古代ローマ時代の建物がそのまま残っているというパンテオンに行った。天井の頂上部から光が射し込んでいたが、雨の日はどうなるだろうと要らぬ心配をしてしまった。パンテオン近くのサンタ・マリア・ソプラ・ミネルヴァ教会にも入った。ただ知識の無い者の悲しさでミケランジェロ作「十字架を持つキリスト」を見逃すという大失敗をしてしまった。

その後ローマ三越まで歩いたが、途中にあった両替所で円をユーロにexchange。ここで今回の旅で最大の失敗をおかした。レートが１４１円だったので1万円で70ユーロ以上はゲット出来ると考えていたのだが、まさかの51ユーロちょっとしか貰えなかった。訳の分からないサービス料として19・４％も引かれていた。納得いかなかったが、質問したり抗議したりする語学力もないので諦め。物凄く損した感じで落ち込む。

しかし残り少なくなった旅行の間、こんな気持ちを引きずりたくないので、全て忘れることにしてローマ三越に入った。ここで恵子はブランドものの財布と子供へのお土産を買った。恵子が喜んでいたので良かった。

旅の仕上げの最後の夕食はテルミニ駅近くのレストラン「トゥディーニ」。ガイドブックに日本語が通じると書いてあったが、実際に日本人女性がいた。食事は手長エビのコースを注文（リッチ！）。食事代は二人で１１２ユーロ、チップ込みで１２０ユーロ支払った。

共和国広場まで戻り、そこでタクシーをひろってホテルに帰った。ヨーロッパで初めて乗るタクシーだったがぼったくられもせず無事にホテルまで連れて帰ってもらえた。途中、サンタンジェロ城の夜景が見えた。タクシー代はチップ込みで17ユーロ。

部屋に帰ってから食事の後に屋台で買ったイタリアビールBIRRA MORETTIで乾杯した。

サンピエトロ大聖堂

コロッセオ

レストラン・トゥディーニ

3月24日（火）

6時に起床。モーニングコールの30分前だったが、前夜にスーツケースは詰め終わっていたので慌てることはなかった。

7時15分に朝食。今までのホテルよりコーヒーが熱々なのが嬉しい。私にとってのコーヒーは味より温度という面がある。冷めたコーヒーは大嫌いだ。

予定より少し遅れて8時20分頃にバスでホテルを出発した。延泊するという神戸大の学生さん二人が本当に心細そうな感じで「いっしょに帰りてー」を連発しながらわれわれを見送ってくれた。かわいそうな気がした半面、なんとなく面白かった。若い男性二人連れなので大丈夫だろう。

ローマのレオナルド・ダ・ビンチ（フィウミチーノ）空港でチェックインしたが、係の女性が発する英単語が聞きとれず苦労した。旅行中の多少なりとも緊張した状態から解き放たれて、頭が完全に帰国モード、日本モードになって、外国語を受け付けなかったのだろう。10分ぐらい経ってから、係の女性は「キャリーオンバゲッジ」と聞いていたことに気づいた。

ローマ・ヘルシンキはシェンゲン協定圏内なので、ローマからは国内線で出発する。手荷物検査で引っ掛かることもなくスムーズに通過できた。

搭乗を待っている間、恵子がフルーツを食べたいというので売店へ行った。フルーツ以外に綺麗な限定品ボトル付きのコーラを見つけそれも買いたいというので購入することにした。

ただ売店で支払い方法が分からず一苦労をした。旅慣れていないので、支払いの時にパスポートと搭乗券を見せることを完全に失念していたのだ。そのうえ、搭乗券を見せろと言っている相手の言葉が理解できなかった。最終的には買えたから良かったけど。

搭乗ゲートがＢ７からＢ４に変更になったが飛行機はスムーズにローマからヘルシンキに向けて飛び立った。ヘルンキには定刻（13時15分頃）に到着。乗り換えまでに時間があったので空港内でフィンランド土産が物色できた。

乗り換え後の飛行機の搭乗券を持って各自で出国手続きをした後、搭乗ゲート前で全員集合。乗り換え後の飛行機ではツアーメンバーの座席がバラバラだったので添乗員の泉さんが困りはてていた。なんとかカップルが並び席になるように搭乗時間ギリギリまで頭を悩ませていたが、航空会社の職員が「出発時間を過ぎているので早く乗るように」と督促にきたのでジ・エンド。組み合わせは無数にあるから短時間で答えを出すのは難しいと思う。

いろいろあったが現地時間18時頃に関空に向けて離陸した。そして、結局、恵子とは離れた席だった。今まで恵子と一緒にハワイ・グアム・イギリスと旅行したが、席が離れたのは初めてだった。

機内で私の横に座っていたのは、何と日本観光に行くイタリア人だった。カタコトの英語で意思疎通した。分かったことは、

・彼はビンチェンツァ出身であること。
・初めての日本観光で大阪、京都、奈良、東京に行くこと。
・寿司が好きであること。　等

袖振り合うも他生の縁。話が出来て良かった。

恵子は年上の英国人ご夫妻と隣り合っていて、その奥さんの方と英会話をしたようだ。「ご夫妻の娘さんが日本で英語を教えているので会いにいくところだ」と聞き取っているので会話は成立したようだ。すごい！

3月25日（水）

関空に9時50分頃到着。入国手続き、手荷物受取後、泉さんに挨拶して別れる。10時46分発の特急はるかに乗り込み家へ。これで夢のようだったイタリア旅行も終わり……。

3．フランス旅行

2010年10月23日(土)

いよいよ憧れの国フランスに向けて出発する時が来た。

若い頃に聞いたダニエル・ビダルやフランス・ギャルが歌うシャンソン。甘く切ないメロディーにのせたアラン・ドロン主演の「太陽がいっぱい」などのフランス映画。印象派の絵画。フランス革命やナポレオンなどの激動の歴史。ファーブル、パスツール、キュリー夫人、デカルト、サルトル等数多の科学者・哲学者。フランスは多彩だ。そのフランスの歴史と文化に憧れて、死ぬまでに一度はその地を踏みたいと思っていた国だ。

最寄り駅からはるか9号に乗って関空へ向かった。京都で乗り換えることなく関空まで行けるのでありがたい。

関空到着後すぐに団体旅行の集合場所へ行った。添乗員は佐々木さんという女性だった。総勢30名の団体旅行だった。事前には、新婚さんが多い団体と聞いていたが、私と同じぐらいの年齢か、私以上の年配の方も結構参加されていた。

添乗員さんによる受付が終わった後、搭乗まで1時間半あったので、円からユーロへの両替(私3万円分、恵子2万円分)をしたり、喫茶店でモーニングを食べたりして過ごした。

南出発口から入りボディチェック、出国審査を受けたが、3年連続海外旅行の余裕で、いつもよりはドキドキ感が無かった。

飛行機はエールフランス航空AF０２９１便。JALとの共同運航便（JL５０５１）なので日本人のキャビンアテンダントも乗務しており安心感があった。恵子の印象では過去2回と比べて、今回のキャビンアテンダントは対応が良いとのこと。恵子が機内で快適に感じていることが嬉しかった。

シャルル・ド・ゴール空港まで約12時間。12時間の飛行は決して短くはないが、直行便は楽だ。乗り換えの手間はかからないし、乗った瞬間から到着までのカウントダウンを始めることができる。

機内ではいつも通り昼食と夕食が出た。昼食ではビール Heineken、夕飯では、La Vieille Ferme と書かれた白ワインを飲んだ。


シャルル・ド・ゴール空港は気温10℃。雨だった。入国審査、バッグ受け取りもスムーズに終わって、チャーターバスでパリ市内のホテルに向かった。途中激しい雨で、今回は天候に恵まれていないかも知れないと不安な気持ちになった。

ベルシーにあるホテル・オールシーズンズベルシーにチェックイン（手続きは全て添乗員さんがやってくれた）。部屋番号は３４５号室だった。

部屋に入って、シャワーを浴び足腰を伸ばした後、私たちの海外旅行では恒例となっている、ホテル周辺の散策に出かけることにした。

ただ、既に日が暮れて真っ暗になっていた上、ホテル周辺の道路には人影が少なかったので、安全を考えホテルから遠くに行くのはやめた。

散歩コースは、ホテルからＳＮＣＦベルシー駅へ行き、駅構内を見物。そこから今度はメトロのベルシー駅に回り、駅近くの普通のカフェに入った。私はパリ初日からいきなり、片言フランス語で飲食物を注文する自信が無く、入店をためらっていたのだが、冒険心に溢れた恵子に押し切られる形で入店した。

ボンソワール。席を指定され、カフェラテを2杯注文した。味は日本と変わらなかった。2杯で7・6ユーロだったが、最後の難関が支払い。

事前に読んだガイドブックには、現地の人はテーブルにお金を置いて支払いを済ませると書いてあった。しかし私には、お金をテーブルに置いて勝手に店を出ていく勇気がなかった。その理由は、私がちゃんと支払いを済ませたことをお店の人が確認する前に、私が店を出ていくことになるからだ、金額が間違っていたらどうしようと考えるとそれは出来なかった。

幸い、店には他にお客さんがいたので、その人たちがどう行動するかじっと観察した。そうしたら、レジで支払いを済ませている人がいた。良かった。真似をしよう。

だが、次はチップの問題がある。どうしよう？　必要なのかそうでないのかが分からなかった。

迷っていても回答が出ないので、10ユーロで払えばおつりが2・4ユーロあるので、その中から0・4ユーロを渡すことに決めた。0・4ユーロではケチかな？　それすら分からなかった。

しかし、支払いを済ませた後で気づいたら0・2ユーロしか渡していなかった。まあいいか。初フランスの旅行初日の夜からパリのカフェにチャレンジ出来たので、心は軽くなっていた。

ホテルに帰ってから海外モードに設定した私の携帯電話で日本の自宅に電話をかけてみた。ちゃんと自宅の留守電につながった。

10月24日（日）

朝2時半に目が覚めた。こちらの時間帯に慣れたいので、もう少し寝ようと思ったが、日本時間に直すと午前9時半になるので、寝るのは無理だった。恵子も目を覚ましていたので結局二人で起きていた。

夜が明けたら散歩するつもりで、6時まで待ったが全く夜明けが来なかった。朝食が6時からなのでまず朝食に行った。食事場所は非常に殺風景な場所だった。日本のビジネスホテルの食堂と変わらず、パリで食事をしている気がしなかった。食事内容もパッとしなかった。イギリス旅行の時の朝食が内容、会場ともに素晴らしかったので余計に差が気になった。イギリスの時は特別だったとあきらめるしかないか。雰囲気には欠けたがソーセージ、バゲット、クロワッサン、バナナ、コーヒー、シリアルなどを食べて、お腹は一杯になった。

朝食後、空が明るくなるのを待ったが7時50分になってもまだ暗く、ホテル出発時間が近づいていたので散歩は諦める。今回のフランス旅行では朝の散歩は無理かも知れない。

8時30分にホテルを出発しバルビゾン村に向かった。バルビゾン村へ行く途中は、田園風景が広がっており、フランスは農業国であることをあらためて実感した。日本の1・5倍の国土に約3分の1の人口だから単純計算で日本の約5倍ゆったりした国ということになる。うらやましい。

バルビゾン村は「晩鐘」などで有名なジャン・フランソワ・ミレーなどバルビゾン派の画家たちに愛された村で、世界中から美術愛好家が訪れるということだ。

また、バルビゾン村はパリの豊かな人々の別荘地になっているということで、鄙びた中にも裕福な雰囲気が漂っていた。ちょっと芸術家風の日本人男性のガイドさんに、熱い口調で村の説明をしてもらった。村のメインストリートの散策とミレーの家に入場観光した。石造りの小さな家が軒を連ねるフランスの田舎風景を見られて良かった。

次にフォンテーヌブロー城に行った。フランスらしい優美な佇まいの城だった。様々なロケに使われるのが分かる。中に入ったら、豪華な調度が施された部屋がこれでもかというぐらい連続していた。先ほどのガイドさんが、それぞれの部屋の特徴について熱く語ってくれたのだが、私の記憶力の無さにより馬の耳に念仏、どの部屋が誰のためのどんな特徴のある部屋なのか覚えきれなかった。ガイドブックによると、フランソワ1世からルイ16世までの7代の王が絵画の収集や寝室の増設を繰り返した、とあるが、城の中が広くて見るだけで疲れたという印象しか残っていない。

お城近くのレストラン、Le Troubadour で昼食にした。メニューはサラダ、ポークソテー、ガトーだった。飲み物は3・5ユーロのビールにした。

次にパリに帰ってきて、まずシテ島のサントシャペル観光。現在は裁判所の建物と一緒になっているということで、入るまでに厳重なボディチェックがあった。中に入ると見事なステンドグラスがあった。ステンドグラスを鑑賞した部屋は、バチカンのシスティーナ礼拝室のように部屋の周囲にぐるりと椅子が置いてあり座って鑑賞ができて楽だった。

次はノートルダム大聖堂。こちらはバラ窓が素晴らしく、サントシャペル、ノートルダムと続けてステンドグラスの美の競演だった。

ノートルダム大聖堂の前でひとまず解散。この後、添乗員さんの案内で観光するか、自由行動にするかを選択することになった。30人中自由行動を選択したのは、私たち夫婦以外では3組6名だった。その3組はいずれも新婚さんで20代の若い人だった。私たち夫婦は50代でしかも初めてのパリ。それで自由行動を選択するとは、我ながら怖いもの知らずだと思ったが、怖さより好奇心の方が勝った。

自由行動では、エッフェル塔を見に行くことにした。RERで行くか地下鉄で行くか、地下通路にあった路線図の前で迷っていたら、親切なフランス人のマダムが気づいてくれ、向こうから声をかけてくれた。RERについて一生懸命に説明してくれているように見えたが、マダムの説明を十分に理解できなかったので、メトロはどうかと話を変えてみた。そうしたらメトロ4の表示があるのでそれを目指せということが何となく理解できた。

マダムに丁寧にお礼を言って別れてM４を目指した。あった！　親切なマダムありがとうございました。

モンパルナス駅でM６に乗り換えビラケムで下車。歩いて無事にエッフェル塔に着いた。展望台に登るためチケット売り場に並んだのだがなかなか順番待ちの列が進まなかった。そのうち恵子のトイレと体調（今日はたくさん歩いたので足腰が心配だった）が気になったので塔の写真を撮って帰ることにした。

恵子のトイレ休憩と疲れた足を休ませるために、地下鉄に乗る前、ビラケム駅前のピザ屋に入った。ピザとコーヒーを注文して食事代は24・6ユーロと少し高めだったが、恵子がトイレを済ませて、ゆっくり休むことが出来たので良かった。

ビラケムからM６に乗れば乗り換えなしでホテルのあるベルシーまで帰れる。しかし、ここでプチトラブルが発生した。駅前に設置してあった自動券売機の使い方が分からなかったのだ。特にボタンも見当たらず、画面のどこに触れても画面が切り替わらない。券売機について事前学習してこなかったことを悔いたが、時すでに遅し！　窓口の女の人に訴えても言葉が通じない上に、自動券売機を使えとのジェスチャーばかりで全く取り合ってくれなかった。万事休す、メトロでは帰れないと思った瞬間、恵子が券売機の手前にあったバーを回したら画面が切り替わった！　さすが恵子！　これで使用方法が判明した。悲しいけど、やっぱり私たちは二人で一人前だ。

夜7時頃の電車だったが子供たちもたくさん乗っており、パリの地下鉄は比較的安心な乗り物だと思った。

ベルシーに着いてから、近くのスーパー・カジノでお土産を買ってホテルに無事帰着。とっても疲れた。

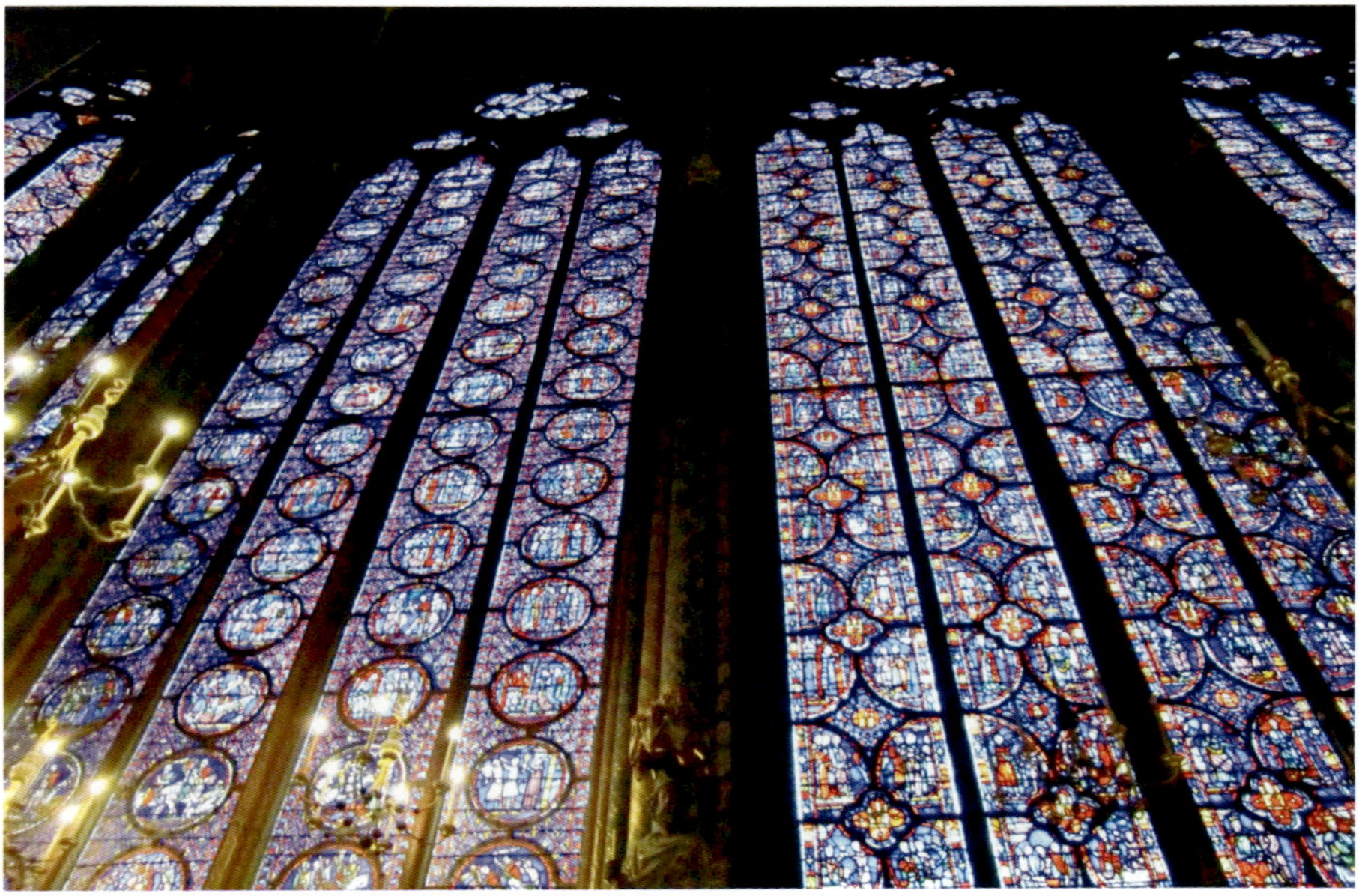

サントシャペル　ステンドグラス

バルビゾン村　ミレーの家

フォンテーヌブロー城

ノートルダム大聖堂

メトロ６号線

エッフェル塔

10月25日(月)

朝5時半に起床、6時半頃朝食。夜明けが遅いのでちゃんとした散歩はできない。それでも8時前にわずかの時間を見つけて10分程度のプチ散歩を決行。朝食後、恵子は寝ていたので一人で出掛けた。メトロのベルシー駅前を左折しセーヌ川の方まで歩き、セーヌ川の川辺の景色を写真に収めた。ベルシーあたりは近代的なビルディングが立ち並びあまり風情はないが、ここもパリだ。

8時50分頃にホテルを出発。シャルトルを目指す。バスの車中からフランスの田園風景を眺めながら今日もフランスは農業国だと思った。

シャルトル到着前、桜井公園というところで写真タイムをとった。遠くにシャルトル大聖堂が見えた。添乗員さんの説明による日本の奈良県桜井市と関係があり、桜井市には逆にシャルトル公園があるということだ。桜井市にある公園はどんな公園だろう。日本に帰ったら行ってみたい。

シャルトルに着き、バスを降りて、まずトイレタイム。個室に入ったら数秒で室内灯が消えて暗くなった。点灯の仕方が分からず大変困ったが、夜でなくてよかった。

シャルトル大聖堂は世界遺産に指定されている。まず外観で2つの塔の建築様式が違うのに気づく。しかし決してアンバランスな印象はない。先の尖った高い塔は、それぞれのやり方で天に向かっている感じがした。

内部に入るとステンドグラスがすごかった。西側のバラ窓は修理中だったがシャルトルブルーと表現される深い青色は随所に見て取ることが出来た。こんな厳かで美しい空間に身を置いたら不信心者も信心者に変わるかもしれない。今日は日本から持ってきた双眼鏡が大活躍した。ステンドグラスの細かい文様が良く見えた。

近くのレストラン L'Ecume で昼食。

その後は一路モンサンミッシェルを目指した。途中、トイレ休憩とバスの燃料給油のため２回休んだ。フランスのサービスエリアの様子を見られて良かった。と言っても結構殺風景な場所だったが何事も経験だ。恵子はサービスエリアに寄るたびに楽しそうにお土産を物色していた。

モンサンミッシェルはかなり遠くから見えてきた。写真では見ていたが、現物はやはり存在感が違う。周囲の風景の中で見えるモンサンミッシェルは感動的な美しさだった。

メルキュールホテル（残念ながら島外ホテル）にチェックイン。しばらく部屋でくつろいだ後、添乗員さんに連れられてライトアップされたモンサンミッシェルを見に行った。その際、全員蛍光ベストを着るように言われた。自動車から身を守るためだが、安全意識が徹底している。

ライトアップされたモンサンミッシェルは幻想的で素晴らしかった。モンサンミッシェルは、708年大天使ミカエル（ミッシェル）のお告げにより小さな礼拝堂を建てたのがはじまり。その後、修道院として整備され13世紀には現在の形になった。イギリスとの百年戦争の際には要塞としても使用されるなど、幾多の変遷を経て再び聖地としての姿を取り戻した。世界屈指の世界遺産である。ブリューゲルのバベルの塔と似ていると思うのは私だけだろうか。

夜景観察の後、メルキュールホテル別棟のレストランLe Pre Saleで夕食。シードルが出た。味は良かったが、匂いは今一つ私には合わなかった。私は子供の頃から鼻（嗅覚）が悪いのだが、自分に合わない匂いだけには敏感なのだ。夕飯の内容は、このところ毎食出ている大盛りサラダと、ノルマンディー風の魚料理だった。昼食の時もそうだったが、サラダには刻んだ生のニンジンが大盛りで出てきた。私はあまりニンジンが好きではないのでこれには閉口した。フランス人はニンジンが好きなのだろうか。

夜9時頃に食事を終えて部屋に戻った。明日の観光を楽しみにして眠りにつく。

モンサンミッシェル

桜井公園

シャルトル大聖堂

10月26日（火）

朝5時半頃起床。朝食は7時からだが、それまですることが無いので、テレビを見た。フランス語なのでもちろん内容はちんぷんかんぷん。ただフランスに来ているという感覚だけ味わえた。少し寂しい。

朝食会場は、昨夜の夕食会場と同じ場所で、ベーコン、ソーセージ、ハム、パン、チーズなどを食べた。朝食後、昼間であればモンサンミッシェルが望める場所まで行ったが、ライトアップも終わっており暗くて何も見えず。本当に夜明けが遅い！

9時にホテルを出発。フランス旅行のハイライトの一つ、モンサンミッシェルの上陸を目指す。と言っても、歩いたり船に乗ったりするのではなく、ホテルから島の麓の駐車場までバスに乗って行った。その間約5分。

添乗員さんの説明を聞きながら、王の門、グランリュ（土産物屋やレストランが軒を連ねている狭い道）と歩き、モンサンミッシェル修道院へ。大階段を登り、西のテラスからの眺望を楽しむ。尖塔の上に黄金色に輝く大天使ミカエル像は西のテラスからでも遠くに見えた。付属教会、回廊、食事室など見学コースに沿って見て回り、聖堂1階で解散。しばしの自由散策ということになった。自由散策と言っても、集合場所が麓のレストランなので、決して迷うことのない一本道グランリュをそれぞれ自由に下りながら、土産物屋などを適当に冷やかしてレストランまで来てくださいというものだ。

私はまず、昨夜から準備しておいた私の頭髪数本をモンサンミッシェルの地、草地で土のある場所に祈りをこめて撒いた。観光の途中で抜け毛が落ちることもあるし、他の人が見たら全く意味不明の行為と思うが、聖地モンサンミッシェルに来た痕跡を何でも良いので確実に残して置きたかった。

次に添乗員さんから教えてもらったサンピエール教会限定の奇跡のメダイを2枚購入した。宗教心からではなく、限定という言葉に惹かれたからだ。ただメダイは金属製で安っぽく、こういうことを言うと罰が当たるかも知れないが、日本で言うところのご利益はなさそうだった。教会ではミサを行っていた。

土産物屋でモンサンミッシェル名物のビスケットを2缶18ユーロで購入したところ、1缶おまけが付いたので3缶18ユーロになった。試食OKということだったが、試食のビスケットを狙ってトレーの上にスズメが来ていたので不衛生な感じがして試食はやめた。次に郵便局(La Poste)に入った。恵子が何か記念のカードを買いたいと言ったからだ。目ぼしいものが無かったので一度は何も買わずに出た。恵子が諦めきれないような感じだったので再び入り、絵ハガキを買ってそれを日本の自宅宛てに出した(ちゃんと自宅に届いた)。

12時から昼食。超有名どころのレストラン、ラ・メール・プラールに入ったが客であふれかえっていた。そこで名物のオムレツを食べた。その昔、プラールおばさんという人が「巡礼に来た人たちに栄養のあるものを食べさせたい」と思って作り始めたという由緒のあるオムレツである。恵子は卵アレルギーのため、恵子の分と合わせて二人分食べたが、味は感動するほどのものではなかった。

オムレツの他にプレサレという名物料理も出た。プレサレとは海辺の草原で放牧された仔羊の肉だ。私はおいしいと思った。デザートにはリンゴとチーズのタルト。今日の昼食は豪華だった。

昼食後、バスは高速道路を走りに走ってベルサイユを目指す。今日のメインの観光は終了し、他に立ち寄って観光する場所は無いので、車窓からの風景を楽しむ。途中、トイレ休憩に寄った後、恵子が不機嫌になっていた。後で分かったことだが、1・9ユーロのアイスを買ったのに5ユーロ近く取られたらしい。私には詳しい状況が分からないが、何かあったら、その場で言わなければダメだ。

ベルサイユのホテルはプルマン・ベルサイユ。部屋は112号室。今までで一番良いホテルだった。ベルサイユに着いて、バスの車窓からモノプリを発見。モノプリのような庶民的なスーパーに一度入ってみたかったので、夕食前の40分を利用してモノプリに行き、モノプリ印の買い物袋などを買った。

夕飯は7時半からで前菜はテリーヌ、メインは鶏料理、デザートはイチゴのタルトだった。ビールはLeffe Blondにした。9時前に食事が終わったが、雰囲気、内容とも満足したので、ウエイターさんに「セテ・デリシュー、メルシー」と言ってみた。通じただろうか？

ホテルのスタッフは親切だった。日本のシェーバーや携帯電話を充電するために、フランスのコンセント用アダプターを貸して欲しいとお願いしたら、気持ち良く貸してもらえた。なかなか感じの良いホテルだった。

モンサンミッシェル

サンピエール教会

ラ・メール・プラール　オムレツ

10月27日（水）

起きるのが少しずつ遅くなってきた。今日は6時半頃だった。早く起きてもどうせ外は暗くてやることがないので諦めの境地に達してきたためと思う。体は正直だ。7時に朝食を食べる。生ハムとチーズがおいしかった。バイキング形式なのでもっと取ればよかった。
朝食が終わったのは7時半頃で、まだ暗かったが、今回の旅行で初めて早朝散歩を決行した。何の根拠もなかったがベルサイユの街はパリと違い、暗くても安全な気がしたからだ。
マルシェ広場まで歩いた。朝市をやっている広場ということだったが残念ながらやっていなかった。近くのパン屋が開いていたので覗いたらマカロンなどがカラフルにディスプレイされていた。さすがフランス。

ホテルに帰って8時半のスーツケース出し（今夜のホテルはパリになるため）までは忙しかったが、9時半の集合時間までは体をゆっくり休ませることができた。。9時半にバスでホテルを出発。しかしベルサイユ宮殿はホテルから歩いても行けるぐらいの距離なので直ぐにバスを降りた。

ベルサイユ宮殿を見学。ベルサイユ宮殿は、「朕は国家なり」で有名なフランス王ルイ14世によって建てられた。豪華な建物と広大な美しい庭園で構成され、言わずと知れた世界遺産だ。

観光客が多いせいか、入場するまで30分程待たされたのには閉口した。宮殿内の由緒ある展示品について逐一説明してもらったが、フォンテーヌブロー城の時と同様、同じようなものを連続して見続けるので、一つひとつを区別して覚えることが出来なかった。記憶力が悪いから仕方がない、と開き直ってみる。唯一覚えているのは「鏡の間」ぐらいだ。少し自由時間がもらえたので、恵子と二人で庭園を歩いた。開放感があって気持ち良かった。

昼食はベルサイユ宮殿近くのレストランLa Taverne de Maitre Kanter。今回の旅行で初めてエスカルゴ(前菜)を食べた。メインは牛肉のワイン蒸し。フルーツのデザートも美味しかった。

午後はプチ・トリアノンを見学した。プチ・トリアノンはポンパドゥール夫人のために建てられたものであるが、その後マリー・アントワネットに与えられた。マリー・アントワネットはここを愛し、「王妃の村里」を作って田園生活の風情を楽しんだと言われている。私は根っからの田舎者なのでやはり「王妃の村里」が一番良かった。品種は知らないが、今でも牛や山羊が飼育されていた(観光用かな?)。愛の殿堂の前で写真を撮るなど、庭園散策は気持ちが良かった。記念に小石を1個拾った。

その後パリに戻ってバスの車窓から観光。エッフェル塔、凱旋門、シャンゼリゼ通り、コンコルド広場、ルーブル美術館前と通った。旅行2日目に見学したノートルダム大聖堂とサントシャペルも遠くに見えた。

5時半頃、ホテル・ガール・ド・リヨンにチェックイン。このホテルはリヨン駅にくっついていて、街歩きに大変便利なホテルだった。

夕食に行くため、旅装を解いてすぐの6時半にホテルのロビーに集合。

夕食はノートルダム寺院が見えるセーヌ川沿いのレストランLa Bouleille d'orでとる。前菜はフォアグラ、メインは魚、デザートはクレームブリュレだった。

食事の時、男性の歌手がきてシャンソンを歌ってくれ、場を盛り上げてくれた。全員がチップをはずんだ。

夕食後、ライトアップされたノートルダム大聖堂を見て、午後9時前にホテルに帰った。

ベルサイユ宮殿

マルシェ広場（ベルサイユ）

プチトリアノン　王妃の村里

10月28日（木）

今日はいよいよ自由行動の日。やはりルーブル美術館は外せない。朝食を8時に終えた後、ルーブル美術館に向かった。ホテル横のリヨン駅からメトロ1号線に乗って、パレ・ロワイヤル・ミュゼ・デュ・ルーブル駅で下車。地下鉄を出たらピラミッドはすぐ近くだ。

ピラミッド中央入口に9時前から並び列の前方にいたので、9時になったらすぐ入場できると思っていた。列に並んでいた西洋人のカップルと写真を撮りあったりして待っていた。しかし、9時になっても、9時10分を過ぎても入口が開かなかった。最終的に係員によってピラミッド中央入口に並んでいた人たちは、リヴォリ通り入口に連れていかれた。美術館に入ったら既に多くの人が入場していた。何なのだ！　20分近く時間をロスした。ピラミッド前で待っていたのが恵子と私だけだったら、ただのボンヤリ者で済ますことが出来るだろうが、数十人は待っていた。ルーブル側の不親切な案内だと思う。

今日1日、色々なところを観光するつもりなので、1箇所に居られる時間はあまり無い。そこで効率的に鑑賞するため、美術館では、まずお目当てのものを見ることにした。お目当てのものとは、1階でミロのヴィーナスとハンムラビ法典。2階でモナ・リザ、カナの婚宴、ナポレオン1

世の戴冠式、サモトラケのニケ、民衆を率いる自由の女神、聖母子と聖ヨハネなど。残念ながら3階は閉まっていて(それとも3階に上がる階段が分からなくて?)行けなかった。そのあとにお目当て以外のものを鑑賞したがたっぷり2時間以上かかった。

モナ・リザは１９７４年に上野の国立博物館で見て以来、36年ぶりの対面だった。ミュージアムショップでお土産を買った後、メトロ1号線で凱旋門に向かった。


大人二人で18ユーロを出して凱旋門の上に登った。パリの街が一望に見わたせて良かった。高いところから街を見ると、大まかな地理が頭に入ってよい。

凱旋門を出てシャンゼリゼ通りを少し歩いた。疲れたのでカフェ・フーケッツでお茶というか、昼ごはんにした。外のテーブル席で恵子はカフェ・クレーム、私はビール、そして二人でクラブサンドを食べた。

ルイ・ヴィトン本店がフーケッツの前にあったので入ることにした。旅の記念に恵子がヴィトンの財布を買った。よかったね、恵子。応対してくれた店員さんが見るからにアジア系なので安心感があった。お世辞と思うが、私のフランス語が上手と言って褒めてくれたので素直に嬉しかった。高級な店というのは店員さんがしっかり教育されており感じが良い(もちろんお金があればという前提で)。

ヴィトン本店で一つ失敗したのは、記念に店内の写真を撮っていて、撮影禁止だと注意されたことだ。写真を消すようには言われなかったが恥ずかしかった。

次に夜のオプショナルツアー（ムーランルージュのディナーショー）の集合場所であるマイバス社の場所確認を含めてピラミッド駅方面に向かった。ジョルジュサンク駅から地下鉄1号線に乗ってチュイルリー駅で下車。ピラミッド広場からリュー・ド・ピラミッドに入ってマイバス社（集合場所）を確認した。これで夜は迷わず来られると思う。

その後、メトロ・ピラミッド駅近くのモノプリに入って、店内をいろいろ見ながら、２０１１年用のスケジュール帳を買った。さらにパッサージュ・ショワズールも歩いたがここは今一つだった。韓国資本が多数入っているような印象でパリのアーケードという感じがしなかった。

子供へのお土産を買いにギャラリー・ラファイエットに行くことも考えたが、結局メトロ・ピラミッド駅近くのMaroquinerie AVALONという店で購入した。いかにも地元の店という感じで、女性店員二人が気持ち良く対応してくれた。恵子は、こういう地元の店に入りたかったと言って喜んでいた。店の前に緑色の大きなゴミ箱があった。

午後4時頃になったのでトイレ休憩を兼ねて一度ホテルの部屋に帰ることにした。ホテルがメトロ駅から近いのでこういう使い方が出来る。メトロ・ガール・ド・リヨンの構内でマカロンとリンゴ入りパンを買って部屋でお茶にした。

部屋で休憩を取ってから、ムーランルージュのディナーショーを見るため集合場所に向かった。

ホテルからリヨン駅までは徒歩1分、集合場所のマイバス社も確認してあるので集合時間には余裕で間に合うと高をくくっていた。それがなんとリヨン駅で乗車口を探して迷ってしまった。集合場所のピラミッド駅までは、リヨン駅からメトロ14号線で2駅目なので、14号線で行くつもりにしていた。

今朝利用したのはメトロ1号線だったが、1号線も14号線も入口は一つと思い込んでいたので、最初に目に付いた1号線の改札口に行った。そうしたら何とそこには14号線の表示が無い！ひょっとしたらその改札口から1号にも14号にも行けたかもしれないが、その時は間違って入ったら集合時間に間に合わなくなるという不安から、14号線の表示のないところに入ることが出来なかった。

慌てて構内の表示を頼りにメトロ14号線のホームに向かった。着いたら、今度は自動券売機が無い！

今朝使ったメトロ1号線改札口には自動券売機があったことを思い出し、今いる場所からはかなり遠かったが今朝利用した改札口に向かった。そこの改札口には14号線の案内もあったので、そこから入った(最初から朝と同じ改札口に行けばよかっただけだった。とほほ……)。何とか電車に乗った時は集合時間まであと5分という状態だった。もちろんピラミッド駅に着いた時には集合時間を過ぎていた。

地上に出てからも方向を見失い、こっちだろうと思って決めて歩いた方向が逆方向だった(日本でも地下鉄からの出口が違うと全く方向が分からなくなることがあるがそれと同じ状況)。それが分かったのは、子供のお土産を買った店を見つけたからだ。店の前に緑色の大きなゴミ箱を発見!そこで頭の中で道路が繋がり、急ぎ足で駆けてマイバス社に行った。5分程度の遅刻であった。

一緒にムーランルージュに行くことになっていたご夫婦が、私たちが来ないので心配していたと言われた。団体旅行の場合は集合時間厳守が鉄則。申し訳ありませんでした。午後6時40分頃にムーランルージュに向けて出発した。マイバス社の担当者によると、このツアーは毎日毎晩ほぼ満席の状態だという。人気のツアーらしい。

少し離れたところにバスを停めてムーランルージュまで歩いた。ムーランルージュはその名の通り、赤い風車が目印。ネオンで燦然と輝いていた。

ムーランルージュに着いたら、まず2ユーロでコートを預ける。カメラは厳禁とのこと、当然かな。

着席後、さっそく食事。前菜はラビオリのスープ、メインはカモ肉のソテー、デザートはシャーベットだった。お酒は恵子と二人でシャンパン1本が付いていた。

8時半頃食事が終了しトイレタイム。今回の旅で初めてトイレを借りるのにお金(50セント)を払った(これまではずっと無料のトイレだった)。

トイレを済ませた後、売店でムーランルージュの記念品を購入。私は15ユーロのキーホルダー、恵子は30数ユーロのネックレスを買った。

9時からショーが始まった。恵子は、同席していた日本人の若い女性から、このショーではトップレスがあると聞いて、目を丸くしていた。恵子は本当に箱入り娘だ。恵子には刺激が強すぎるショーだっただろうか。フランス語と英語を交えたショーなので、細かい内容は理解出来ないにしても、ジェスチャーを交えているのである程度は分かった。主に、音楽と踊りを楽しんだ。ショーの終わりごろにフレンチカンカンがあった。本場のフレンチカンカンだ。最終的に恵子は「楽しかった」と言ってくれた。良かった。

帰りのバスはライトアップされたオペラ座、ギャラリー・ラファイエットの前を通って、リヨン駅まで送ってくれた。

夜11時半頃、ホテルに帰った。今朝は8時半ごろから観光に出かけたので、約15時間遊んでいたことになる。疲れた。

ルーブル美術館

ムーランルージュ

サモトラケのニケ

聖母子と幼き洗礼者聖ヨハネ

凱旋門

フーケッツ

10月29日（金）

フランス旅行も今日が最後の日。しかもホテルから空港に直行するだけの日だ。若いころから一度は来たいと思っていたフランスに来ることが出来た。これで思い残すことは無い！　かな？日本で見てきたパリの天気予報では、旅行中のパリは半分以上が雨予報だったが、結局はパリに着いた日の夕立だけだった。傘を使用することなく天気に恵まれて良かった。

今朝は目覚ましで6時半に起床。7時過ぎに朝食にした。部屋に帰ってスーツケースを整えて8時15分に部屋の外に出した。チェックアウトを済ませた後、リヨン駅前で恵子と記念撮影。ホテルのロビーに戻ると添乗員の佐々木さんが私のスーツケースが重いという。何気ない動作をしているが添乗員さんはしっかり見ているのだと感心した。それはともかく、大急ぎで私のスーツケースの中身、主としてチョコレートを恵子のスーツケースの中に入れ直した。9時に空港行きのバスに乗り、いよいよパリともお別れだ。

空港でのチェックイン時、スーツケースの重さが心配だったが、恵子が21・6kg、私が18・6kgだった。私の方が大幅に軽かったが、恵子のスーツケースに移したチョコレート8個（1個500g）だけで4kgはあったと思うので、チョコレートを移し替えなければ、私のスーツケースは23kgを超えていた可能性がある。良かった。添乗員の佐々木さんに感謝。

チェックインの次はデタックス。恵子のルイ・ヴィトンの財布だ。添乗員さんに補助してもらったもののデタックスをするのは初めてなので少しドキドキしたが全く問題なく終わった。おそらく額が数千円なので、真剣に取り扱うようなものではなかったのだろう。私の前の中国人のデタックスを見て添乗員の佐々木さんが驚いていた。デタックス用紙の紙の厚みが物凄い厚さだったようだ。中国の経済力の凄さをあらためて感じた。

出国手続きを終え、空港内で最後の買い物をした。

エールフランス航空AF0292便に搭乗し、14時20分にシャルル・ド・ゴール空港を離陸。これでとうとうパリの地をあとにすることになった。

10月30日（土）

飛行機は3列席で、恵子が通路側、私が真ん中で、窓側は西洋人だった。疲れていたので、あまり話をするつもりはなかったが、関空まで2時間を切ったぐらいで窓側の西洋人に思い切って話しかけた。

私の思い込みで何故かドイツ人と思っていたが、デンマーク人ということだった。今、ツアーガイドとして団体旅行のお世話で日本に行くと言っていた。

彼自身は8年前に京都大学に留学しており、現在はデンマークでガーデンデザイナーをしているという。今回は京都の庭を見る旅らしい。思い切って話しかけて良かった。

出国後、空港でコーヒーを飲んでから、特急はるかで帰る。子供が駅まで迎えにきてくれた。久しぶりにスシローで寿司を食べてから帰宅。終わった。

4. 北スペインとポルトガル旅行

2011年10月11日（火）

今回の旅行ではキリスト教3大聖地の一つ、サンチアゴ・デ・コンポステーラに行く。また古くから日本と交流のあるポルトガルに行くのも楽しみだ。

朝3時半に起床。子供を起こして最寄り駅まで送ってもらった。5時前に駅に到着。京都ではるか1号に乗り換え、予定通りの時間に関空着。団体旅行の受付もスムーズに終了した。添乗員は近藤さんという方でベテランの感じの女性だった。

出国手続きの後、免税店を冷やかした。恵子は早速、スワロフスキーのボールペンを購入。18300円だった。こうやって旅行気分を盛り上げていく。

搭乗は11番ゲート。搭乗開始予定時間の9時10分丁度に搭乗受付が開始された。飛行機はルフトハンザ航空LH741便、座席は45番のDとEだった。恵子は通路側の席で喜んでいた。

シートベルトサインが消えてからトイレに行った。トイレは客席のあるフロアから階段を下りていった所にあった。そこに、5箇所のトイレが集中してあり、トイレコーナーのような様相を呈していた。少し待っていたらどこかのトイレが空くため、待ち時間がほとんどなかった（幾つかのトイレが離れてある場合、他のトイレは人が回転しているのに、自分の待っているトイレはなかなか開かないということがしばしば起こる）。トイレ待ちに関して、今までの飛行機の中で一番ストレスフリーのトイレだった。

昼食前に飲み物が出た。缶に入ったドイツビールWarsteinerを頼む。味がマイルドで飲みやすかった。

飛行機に乗って5時間ぐらい経ってから、腰が痛くなってきた。狭いシートで同じ姿勢を取り続けるのが原因なので、体勢を変えるためにしょっちゅうトイレに通った。もちろんトイレが使いやすく行きやすかったのも理由だ。

到着5時間前におやつが出た。おやつの選択肢としてカステラは普通だと思うが、もう一つの選択肢がサケのおにぎりだった。これって、おやつ？　あと3時間ぐらいしたら夕飯になるのに、と文句をつけつつサケのおにぎりもチョイス。

夕飯にはドイツのオクトーバーフェストの名物料理が出るということで楽しみにしていたが、動かないで食べ続けているのでお腹が空かない。ソーセージ、ザワークラフトをやっとの思いで食べた。味わうどころではなかった。食事が終わるとあと1時間でフランクフルト空港に着陸だ。

予定より30分以上遅れてフランクフルト空港に到着。次の飛行機への乗り継ぎが1時間20分しかなかった上に、飛行機を降りた後に添乗員さんが指定した集合場所が良くわからず、集合時間ギリギリになってしまった。時間に間に合わせるため、足の悪い恵子を走らせてしまい、恵子には本当に悪いことをした。添乗員さんはいろいろな手続きで忙しいと思うが、集合場所までは一緒に行くか、もっと分かりやすい場所を指定して欲しかった。空港内の施設配置に詳しい人ばかりではないのだから。

入国審査、ボディチェックの後、トイレに寄ったら時間がほとんど残っていなかった。急いで乗ったミュンヘン行きのルフトハンザ航空ＬＨ１１４便は予定通りの時間に出発した。飛行機の窓からドイツの風景を垣間見ることが出来て良かった。

ミュンヘン空港で1時間ほど時間があったので、恵子が買い物をした。

ミュンヘンからスペイン・マドリッド行きのルフトハンザ航空ＬＨ１８０６便は出発が約1時間遅れた。そのためマドリッドのホテルに入ったのは現地時間で午後11時を過ぎていた。

ホテルは、アルトゥロ・ソリア・スイーツで３０６号室だった。日本を出てから27時間寝ていないことになるし、飛行機に乗り続けだったので疲れた。スペインに入るのに飛行機２本乗り継ぎはきつかった。

10月12日（水）

前の日がハードだったので、時間通りに起きられるか心配だったが、しっかり5時半に起きた。体の疲れはあったが、荷物も詰め終わって準備万端（今夜は別のホテルに宿泊）。なにより恵子の元気があるのがうれしい。朝食前のまだ暗い中、ホテルの周囲を歩いた。特に目ぼしいものは無かったがスペインの朝の空気を吸えた。8時に朝食をとり、8時半に出発という慌ただしさ。せっかくマドリッドに居るのにマドリッド市内の車窓観光をすることもなく高速に乗り、セゴビアに向かった。

セゴビアはスペインのほぼ中央部に位置し、ローマ水道橋や古城アルカサルなどがあり世界遺産に指定されている。ローマ水道橋の近くでバスを降りた。水道橋はゆっくり歩きながら見物し、そのままセゴビア大聖堂まで歩いた。途中の道案内の標識が、スペイン語・英語・日本語の3言語のみで書かれていた。親日なのか、それとも日本人観光客がよっぽど多いのか。どちらだろうか。

大聖堂には入場せず、外観のみの観光であった。大聖堂は多数の尖塔で装飾されていて、高さはなくベージュ色の横に広がったような外観は優しい印象だった。

大聖堂を見たあとは一旦バスまで戻り、バスでアルカサルへ行く予定だったが、そのままアルカサルまで歩いた。結局、ローマ水道橋とアルカサルの間を徒歩で往復してしまった。往復で約3kmはあるだろうか。街歩きは楽しいが、恵子の足が心配だった。恵子は、とりあえず元気にセゴビア観光をクリアした。

次にサラマンカに向かった。高速道路から見えるスペインの大地は、地平線が見えるぐらい遠くまで見渡せた。岩でごつごつした、どことなく赤茶けた大地。今まで行ったイギリス、イタリア、フランスとはかなり風景が違っていた。

サラマンカに到着。サラマンカにはスペイン最古、ヨーロッパでもボローニャ大学、パリ大学などと並ぶ古い歴史を誇るサラマンカ大学がある。この大学を含めて、新旧カテドラル、マヨール広場などがある旧市街は世界遺産に登録されている。

到着後、まず昼食。地元客も多数見かけたEl Bardoというレストランで生ハム（ハモン・イベリコ）を食した。塩味が効いていておいしかった。

サラマンカは徒歩で観光。マヨール広場、貝の家、サラマンカ大学、新旧カテドラルと歩いた。マヨール広場は周囲を建物で囲まれていたが陰気な閉鎖的空間という印象は無かった。うまく表現出来ないが、この広場に集った人はそれぞれが主人公でお互いにみな友人という感覚、開放的な気持ちにさせてくれる広場だった。

貝の家はその名の通り、建物の外壁にホタテ貝の装飾がほどこされていた。サンチアゴ騎士団が暮らした家ということだ。

カテドラルは休日のため入れないと言われていたが、何故か入ることが出来た。こういうハプニングはうれしい。最後にローマ橋（銀の道）を見てからバスに乗車した。

その後、ひたすらレオンを目指す。途中トイレ休憩が1回あったが、ドライブインのような気の利いた場所ではなく、通りすがりの名前も知らない小さな村の小さなカフェでトイレを借りるという形のトイレ休憩だった。添乗員さんが「トイレを借りたお礼に何か注文しましょう」とアドバイスされたので、恵子はコーラ飲料を注文し、私はコーヒー大好き人間なのでコーヒーを頼んだ。

トイレ休憩から出発した後、バスの中で、カフェのカウンターにいたおねえさんが大変美人だったと話題になった。おじさんたち、見るべきところは見ているなと思ったが、ドライブインのトイレでは味わえない楽しさがあった。

その後はスペインの大地を見ながら延々とドライブを続け、日が暮れてからレオンのホテルに到着した。サンチアゴという名前のホテルで部屋番号は１１１号室だった。

鍵をもらって部屋で旅装を解いた後、すぐに夕飯。夕飯はホテルの食堂で、ひよこ豆のスープ、チキンのグリル、デザートはプリンだった。飲み物にビールを頼んだ。食事は9時に始まり、終わったのは10時20分だった。

今日も疲れた。部屋に戻りシャワーを浴びて寛ぐ。ハードな日程が2日続いたが、恵子の「もう歩けない」という発言が無かったので良かった。頑張れ、恵子！

アルカサル城壁からの景色

セゴビア　水道橋

サラマンカ　マヨール広場

10月13日（木）

何と風邪をひいてしまった。自分の体とは約60年付き合っているので分かる。喉がイガイガする・鼻が詰まるなどの初期症状が出てから、通常であれば、2～3日後に最悪の状態を迎えダウンする。ということは、旅行後半が台無しになる。恵子に頼んで、風邪薬以外にロキソニンを出してもらった。薬に頼りたくないが、緊急事態だからやむを得ない。私は普段薬を飲まないので薬がよく効く体質だ。薬効に期待したい。

ホテルを出発して、まずレオン観光。レオンはスペイン北西部にある都市で、サンチアゴ・デ・コンポステーラ巡礼路の拠点のひとつ、歴史のある町だ。

ガウディ設計のカサ・デ・ボティネス、ステンドグラスの美しいレオン大聖堂、サン・イシドロ教会などレオンの見どころをひととおり見学した。添乗員さんに案内してもらって街を歩いたのだが、道路のあちこちにホタテ貝の印があった。サンチアゴ・デ・コンポステーラの方向を示しているのだろう。

団体行動の後、1時間の自由行動の時間があり恵子と二人で散策開始。まず切手を購入して自分宛に絵ハガキを出すことにした。自分宛の絵ハガキに書いた文章は次の通り。

「今レオンでフリータイムです。今日は風邪をひいてしまって体調が悪いです。でも、せっかくの旅行なので薬を飲んで頑張ります」

広場に黄色いポストがあると聞いていたが、見つけられなかった。最終的にキオスクの近くで、大きく correos と書かれた黄色のポストを見つけて投函した（ちゃんと日本の我が家に届いた）。

恵子がそのキオスクでお土産のチョコレートを買いたいと言うので、注文の補助をした。旅行ガイドブックに書いてあったスペイン語の単語を一言「何とか何とかポルファボール」と喋っただけなのに、恵子が「すごい！」という。何かとんでもなく買い被っているような気がするが、まあいいか。夫婦円満であれば。

その後もショッピング中心の観光。恵子がホタテ貝のチョーカー（銀とオニキス）を買い、私は3・95ユーロのしおりを買った。

集合場所で待っている時、道の反対側でおばあさんが倒れた。そうしたら近くにいた5、6人の人が直ぐに寄って来ておばあさんを助け起こした。さすが巡礼の街と思った。

頭が朦朧としながら昼食会場のレストラン Zuloaga へ。多分、牛肉のデミグラスソース煮を食べたような気がするがはっきり覚えていない。アルコールは飲まず、ミネラルウォーター Mondariz にした。

レオンからルーゴに向かった。添乗員さんによると、日本のツアーでルーゴが立ち寄り先に含まれているツアーはめったにないらしい。ルーゴはスペイン北西部に位置しており、サンチアゴ・デ・コンポステーラまで直線距離で70～80㎞の位置だ。市内にあるローマ城壁が世界遺産に登録されている。

ルーゴに向かっている時、バスの中から巡礼の人が歩いているのを見かけたと言う人が結構いた。私はバスの中でダウンして外は見ていなかったが、さすが歴史ある巡礼の道だ。ただ本来の宗教心から歩く人もいれば、長距離のハイキングを楽しむという形で歩く人もいるということだ。

ルーゴに着き、観光する前に少し時間があったので、土産物屋を冷やかしホタテ貝のお土産を買った（2・5ユーロ）。巡礼の道といえば何と言ってもホタテ貝だ。その後、城壁の上を散歩。すごいものが残っている。ただ城壁はすごいと思ったが、城壁から見える景色はありきたりの現代の景色だった。

城壁を歩いた後、カテドラルに入った。全くの素人の感想であるが、スペインの教会はフランスやイタリアの教会と比べて、内部の細かい彫刻芸術に凝っているような気がした。

市内を散策している時、カフェでお茶を飲んでいる人たちが我々を珍しそうに見ている気がした。やはりルーゴには日本人観光客はあまり来ないのかも知れないと思った。

ルーゴ観光の後、「歓喜の丘」に行った。その昔、巡礼の道を何百キロも歩いてきた巡礼者がサンチアゴ・デ・コンポステーラを望むこの丘に来て、はるばる来た旅路とこれから行く聖地を思い、歓喜の泪を流したところだ。私は自分の足ではなく、バスで苦労なくやってきただけだが、この丘に立てて良かったと思った。丘の石を数個拾い記念として日本に持ち帰ることにした。

サンチアゴ・デ・コンポステーラに到着。ホテルはコングレソ、部屋番号は232号室だった。

夕飯はレストランMARISQUERIA Carrelasでガリシア料理を食べた。タコがおいしかった。夕飯後、ライトアップされたサンチアゴ・デ・コンポステーラ大聖堂を見学した。夜遅かったので大聖堂前の広場には他に観光客がほとんどおらず、我々の団体で貸し切り状態だった。

夕飯後、ライトアップされた大聖堂を見に行ったので、ホテルに帰ったのは10時を回っていた。風邪をひいている身には非常にこたえたが、今回の旅行のハイライトと言うべき明日はダウンしていられない。薬を飲んで頑張るぞ。

カサ・デ・ボティネス

ルーゴ　城壁

歓喜の丘

10月14日（金）

今回の旅行で一番楽しみにしていたサンチアゴ・デ・コンポステーラ観光の日。風邪はまだ治っていないので、薬（ロキソニン、ＰＬ剤）を飲んで頑張ることにした。

サンチアゴ・デ・コンポステーラはスペイン西北端部に位置しており、ガリシア州の州都だ。カミーノ・デ・サンチアゴの終着点であり、エルサレム、ローマと並ぶキリスト教三大聖地の一つである。聖地になったのは聖ヤコブ（サンチアゴ）の遺骸が祀られているためで、ホタテ貝が聖ヤコブのシンボルとなっている。

しかし、である！　朝食を終え、早めにバスを待っていたら、何とバスが動かないという！

さすがスペインというべきか。運転手は商売道具の点検をしていないのだろうか。

運転手と添乗員さんがいろいろやっていたが、結局、動かなかった。

添乗員さんは、バスの状態を見ながらも、その間、関係部署と相談していたようだ。1時間程度経った頃、結局、タクシー10台に分乗して大聖堂に向かうことになった。

ツアーでもこんなハプニングが起こるのだと思った。1時間ほど無駄になったとは言え、添乗員さんの対応に感謝した。

まず大聖堂に入って少し説明を聞いた。その後、聖ヤコブの像に背後から抱きつくというお約束の体験をした。異教徒でも大丈夫と聞いた。聖ヤコブ像のある一画は狭い一方通行の通路になっていて、青いランプが灯ったentradaから入って、聖ヤコブを抱きしめた後、赤いランプが灯ったsalidaから出てくるようになっていた。確かに交通整理しないと双方から人が来て大混乱になるはずだ。

その後、添乗員さんの案内で市内を散策した。途中の市場で恵子がチーズを買い、チーズ屋のおじさんと記念写真を撮った。

大聖堂前に戻って来て1時間のフリータイムになった。添乗員さんから「巡礼者は聖堂前で寝そべって達成感を味わった」ということを聞いたので、バスでやってきただけで巡礼者でも無い私だったが、その真似をした。寝そべっている私の写真を恵子がとってくれた。ボタフメイロの儀式を見逃したことが分かったので、フリータイムは大聖堂周辺の散策とショッピングで過ごした。

なお、ボタフメイロの儀式とは、聖堂内で、香を焚いた巨大な香炉を振り子のように振る儀式である。その昔、大聖堂に到着した巡礼者は不潔な者がほとんどであったので、伝染病などに予防効果があると信じられていた香が焚かれたものである。11世紀頃に始まったと言われているが、現在でも見どころの一つである。

昼食は大聖堂横の由緒あるパラドール Hostal dos Reis Catolicos のレストランで食べた。パラドールとはスペインの半官半民の宿泊施設網で古城、館、修道院などを改装したものや新しく建てたものがある。ここのパラドールは巡礼者の宿泊や病人の治療のために建てられた古い施設を改装したものだ。

石造りのレストラン内部の雰囲気、料理の質も一味違い高級感があった。豊富な魚介類に特徴があるガリシア料理を提供するレストランで、今日の昼食でも前菜がタコ、メインは白身魚だった。スペインに来るまでガリシア料理のこと、そしてタコが名物であることを知らなかった。飲み物はスペインビール Cruzcampo にした。

パラドール前に国旗が立っていたのだが、スペイン、アメリカ、フランス、イタリア、ドイツ、EUなど欧米数か国の旗に加えて日本国旗が立っていて嬉しく感じた。

昼食後、サンチアゴ・デ・コンポステーラを後にした。ここに来る前、恵子に「サンチアゴ・デ・コンポステーラは日本の伊勢神宮のようなものか」と質問されて答えに窮したが、来たあとの私の感想は「近いものがある」という印象だった。

もちろんサンチアゴ・デ・コンポステーラも伊勢神宮も大変な聖地であることについては一点の曇りもない。

ただ伊勢神宮前のおかげ横丁のように、ここサンチアゴ・デ・コンポステーラでも観光地の面を有しており、聖と俗が共存しているように感じた。ただ、たとえ物見遊山で出掛けても、そこで何かを感じ取れば良いのではないか。現地に行ってその空気に触れないと分からない事もあるので、今回は非常に良い経験をしたと思っている。

その後、何とか修理を終わったバスに、大聖堂前から乗車し、ひたすらポルトガルのポルトを目指した。

スペインとポルトガルの国境は、高速道路上で知らないうちに越えた。私が撮った写真にはvigoという場所で高速に入った記録がある。また高速にはsolo telepeajeと表示された入口があったが、日本のＥＴＣに相当するのだろうか。

途中で一度トイレ休憩があり、恵子はコルクのカバンを購入。ポルトガルはコルクの生産量が世界一でいろいろなコルク製品で有名だ。恵子の感想だが「ポルトガルに入ったとたん親しみやすさを感じた」ようだ。たとえば「売店の人が笑顔でコンニチワーとかアリガトーとカタコトの日本語で声を掛けてくれた。スペインでは一度もそんなことがなかった」と言っていた。買い物の回数が私よりはるかに多い恵子の印象なので、多分間違いないだろう。

ポルトに着いて、まずホテルで荷物を下ろした。ホテルはホリディイン・エクスプレス・エクスポノールで、部屋番号は４１５号室だった。

その後、バスで夕食のレストランにむかった。ドウロ川沿いにバスを停めて少し歩いた。途中で correio と書かれた赤い郵便ポストを見つけて、スペインはポストが黄色だったことを思い出した。

レストランはいかにも地元の安いレストランといった風情で、cozzza rio という名前だった。安レストランというのは否定的な意味で感想を述べているのではなく、地元感が好ましかった。

食事内容は、サラダ、シーフードリゾット、パン・デ・ローだった。パン・デ・ローというのはカステラの元祖らしいが、パサパサしていて、日本のしっとりしたカステラの方が数段上と思った。

バス会社が、朝のバスの故障で迷惑をかけたということで、夕食時に全員にワンドリンクをプレゼントしてくれた。私は赤ワインをもらったが1時間の弁償代として妥当だったのだろうか。しかし、全員陽気に騒いでいたので、まあいいか。

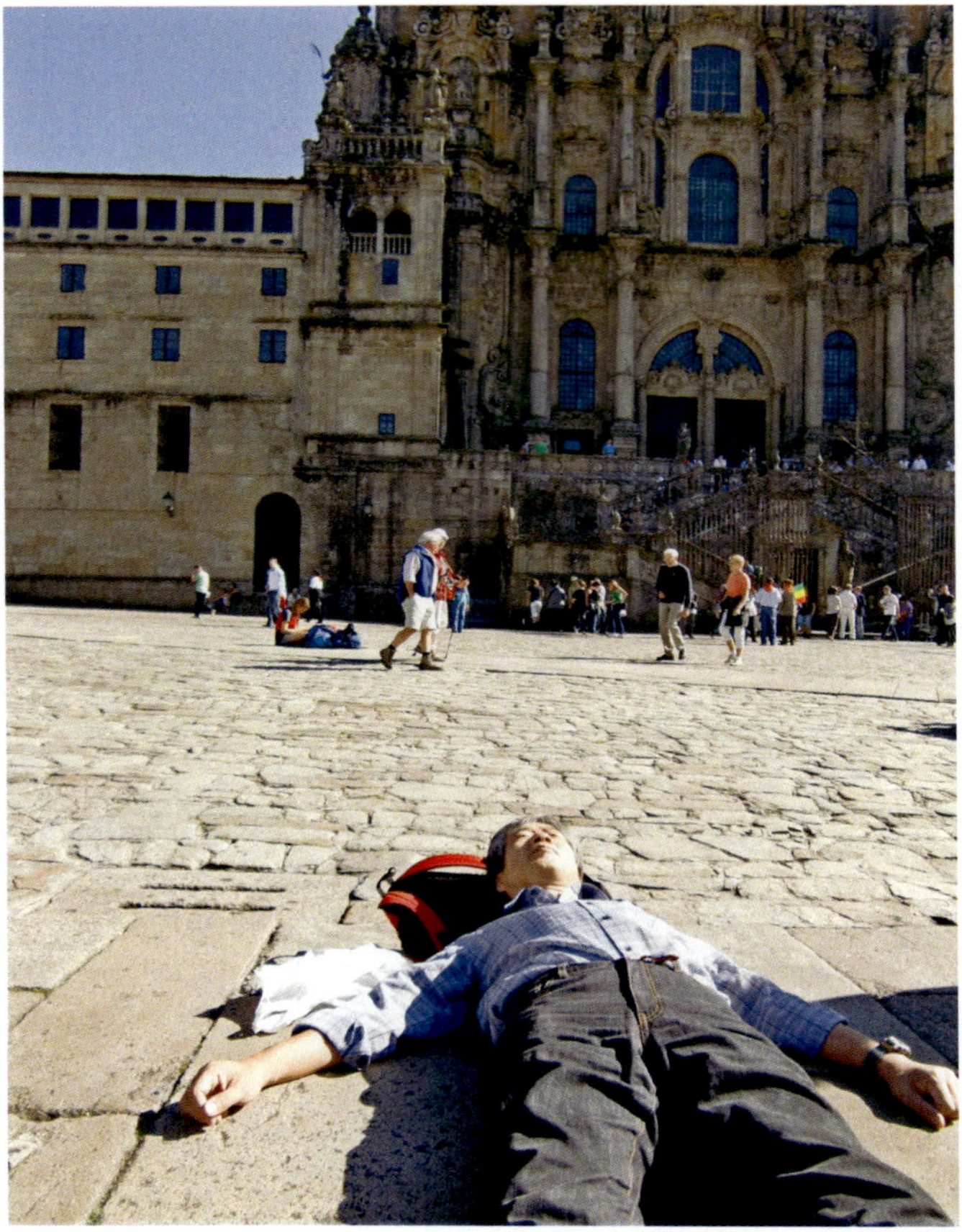

サンチアゴ・デ・コンポステーラ

パラドール

サンチアゴ・デ・コンポステーラ

10月15日（土）

今日はバストラブル無く順調に出発。ポルト市内観光に向かった。

ポルトは、ポルトガル北部の海岸沿いに位置している街で、リスボンに次ぐポルトガル第二の都市である。その歴史は5世紀以前に遡り、ポルトガルという国の名はポルトに由来する。ポートワインでも有名であり、大聖堂のある旧市街は世界遺産に登録されている。

最初に、リベルダーデ広場にバスを停めて、歩いてサン・ベント駅に行った。サン・ベント駅の構内には美しいアズレージョがある。アズレージョとは、上薬を掛けて焼いたタイルのことで、特に青いアズレージョが美しい。ポルトガルやスペインで生産されている。

サン・ベント駅には偶然新婚さんがいて、日本人観光客（すなわち我々）の被写体となっていた。新婚さんの方も写真を撮られることが、まんざらでもなさそうで、ポーズをとってくれた。

次にボルサ宮をバスの中から見て、聖フランシスコ教会には入場した。聖フランシスコ教会の金泥細工は素晴らしかった。ただ教会内は撮影禁止のため写真が撮れず残念だった。

その後バスに乗車し、エッフェル塔を建てたエッフェルの弟子により建設されたドン・ルイス1世橋を通って対岸に渡り、サンデマンというワインメーカーに入った。

サンデマンは学生マントとソンブレロという出で立ちのシルエットマークで有名だが、私には怪傑ゾロにしか見えなかった。その学生マントとソンブレロを身に纏った男性ガイドの案内で内部を見学。そして試飲。とても甘口のワインだった。私は、ワインは買わずに、サンデマンの帽子などメーカーオリジナルグッズを数点購入した。

次にナザレを目指した。ナザレはヨーロッパの人に人気のある観光地ということで大勢の人がいた。10月というのに日差しが強くのぼせてしまいそうだった。

ナザレでは海岸沿いのレストラン s.miguel で昼食にして、イワシの焼いたものを食べた。素朴な味でおいしかった。ビールはポルトガルビール SUPER BOCK を飲んだ。別のテーブルで食べていたアメリカ人の団体はイワシではなく、牛肉とフライドポテトだった。お国柄だろうか。

昼食後、シティオ展望台に行った。紺碧の海と白い砂浜、赤い屋根のナザレの眺望が美しかった。数分間眺望を楽しんでいたら、大西洋からものすごい量の霧がやって来て、あっという間にナザレの町を包んでしまって何も見えなくなった。天候のあまりの急変振りに驚かされたが、なかなか幻想的な光景だった。小さなメモリア礼拝堂はしっかり見学したが、ノッサ・セニョーラ・ダ・ナザレ教会は事前勉強不足で見どころを外してしまったので残念。ここまで来ながら、聖母マリア像を見なかったのだ。ただ展望台で別行動していた恵子は見たと言っていた。本当に恵子は抜かりが無い。

次にオビドスに行った。オビドスはリスボンの北約90㎞に位置しており、今回の旅行で訪れるのを楽しみにしていた街だ。城壁に囲まれた小さな街で、白壁の家々が続いている。代々のポルトガル王妃に受け継がれた「王妃の街」として知られる。

オビドスには、ポルタ・ダ・ヴィラから入り、1時間半の自由時間があった。城壁に囲まれているので、メインストリートさえ見失わなければ初めてでも道に迷うことはない。

真っ先にフィリグラーナの店に直行した。フィリグラーナとはポルトガル伝統の金銀細工で、毛髪より細く縒った金糸で編む繊細な工芸品だ。その店で、900ユーロのフィリグラーナと40ユーロのチェーンを購入。緊急事態が発生した時のために「フトコロ金」として持っていた約1000ユーロが一挙に消えてしまった。旅行もあと僅かだしまあいいか。

オビドスでは城壁からの風景を楽しんだ他、ガイドブックにオビドス銘酒ジンジーニャを味わってみるべきと書いてあったので飲んでみた。ジンジーニャとはサクランボの一種から作られるリキュールで甘くて強い酒だ。恵子は飲んでいる時は甘いが、後口が甘くないので「まだ飲めそう」と言っていた。

オビドスのあとは一路リスボンを目指した。リスボンのホテル、アルティス・パークは立地条件も良く、非常に快適だった。部屋番号は６１１号室だったが、窓からは遠くにテージョ川も見えた。最後の２泊が快適なホテルで良かった。リスボンの自由時間が楽しくなりそうだ。夕飯のメインは、ポルトガルの名物料理、カルネ・デ・ポルコ（豚肉とアサリの炒め物）だった。ちなみに、カルネ・デ・ポルコとは豚肉という意味だ。

夕飯後、明日の自由行動の後、自力でホテルに帰ってくるために、メトロの位置を確認した。オライアス駅という駅がホテルの直ぐ近くにあった。

オビドス

ナザレ

ポルト　サンベント駅

10月16日（日）

今日は観光最後の日。昼過ぎまで団体でリスボン市内観光をして、午後からオプショナルツアーに行く人と自由行動する人に分かれる。もちろん私たちは自由行動を選択した。

朝起きて窓の外を見たら、霧がかかっている上に、路面も濡れていたので、とうとう雨に降られるかと思ったが、見る見る晴れてきて暑いぐらいの天気になった。

リスボン市内観光では、まずアルファマ地区へ行った。アルファマ地区とは１７５５年のリスボン大地震の被害を奇跡的に免れて、リスボンの古い街並みが残っているところだ。洗濯物が干してある建物の間の狭い路地を縫うようにして歩いて古い時代のリスボンの風情を感じた。「くちばしの家」というのも見た。建物の外壁を装飾している多数の四角錘の突起を下から見上げるとくちばしのように見えるので、そのような名前が付けられたらしい。

アルファマ地区からバスでジェロニモス修道院へ移動。広い駐車場にバスを停めて修道院まで歩く。敷地が広すぎて歩くだけで疲れてしまった。

ジェロニモス修道院は、マヌエル１世によって作られた修道院で１５０２年の着工から３００年以上の年月を経て完成した。大航海時代の海洋王国ポルトガルの栄華を彷彿させる壮麗な建築物で、マヌエル様式の最高傑作として世界遺産に指定されている。

西門から入場して、カラベル船のレリーフのあるバスコダガマの石棺、支柱が天高く聳え開放感のあるサンタ・マリア教会、教会の正門である南門、アズレージョの美しい食堂、美しい回廊に囲まれた中庭庭園などを見学した。そのあと、短時間の自由行動があったので、中庭で恵子と互いの動画を撮ったりして楽しんだ。

次がベレンの塔。この塔は、テージョ川を行き交う船を監視し、河口を守る要塞として建てられた見張り塔で1519年に完成した。ジェロニモス修道院とともに世界遺産に指定されているが、川辺にポツンと立っている外観からは、「これが世界遺産？」という感じを受けた。予定では外観を見るだけになっていたが、入場の時間を取ってもらえた。しかも日曜日のため入場が無料ということで、二重に得した気持ちになった。

恵子は足が痛いということで上に登らず堡塁部分に入っただけで外に出た。私も1層目でテージョ川を眺めてから外に出た。テージョ川は、川というより海みたいに川幅が広い。

先に出た恵子は塔の近くでおばさんが売っていたマフラーを買い「安かった」と言ってホクホクしていた。

次に見た発見のモニュメントは1960年に建てられたということで、古い物好きの私はあまり興味が湧かなかった。エレベーターで7階の展望デッキに登ることができるが登らなかった。
それより発見のモニュメントの前の広場で、ガイドさんが、少し離れたところに佇んでいた女性二人連れを指して「あの二人はスリなので気を付けてください」と言ったので、その女たちが気になって仕方がなかった。

その後リスボン中心部のロシオ広場に戻った。午後に自由行動をする人だけを集めて地下鉄の切符の買い方、地下鉄の乗り方を伝授してもらえた。これは助かった。自由行動を選択しなかった人は添乗員さんとシントラに行くことになっていた。
ロシオ広場近くのレストランで昼食。内容はメインがポルトガルの国民食バカリャウ（タラの塩漬けの干物）料理で、デザートが日本のエッグタルトに相当するパスティス・デ・ナタだった。

自由行動になった時、豊橋から一人で参加されていた元公務員という佐藤さんという方が、夜のオプショナルツアー「ファド・ディナーショー」に参加するまでの間、私たち夫婦に同行させてほしいと言われたので、3人で珍道中することになった。ただ恵子との自由行動時のスケジュールは予め決めていたので、佐藤さんにその旨お話をして了承を頂いた。進添乗員の案内でリスボン市内観光にいざ出発！

ロシオ広場からサンタ・ジュスタのエレベーターまで歩く。サンタ・ジュスタのエレベーターは低地バイシャ地区と高地シアード地区を結ぶエレベーターで、１９０２年に市民の足として作られた。高さは45ｍもある。エレベーターを降りたあと、螺旋階段を上ってさらに上の展望台まで行った。今来たロシオ広場、カルモ考古学博物館、リスボンの街並み、さらに遠くにはテージョ川まで望むことが出来た。

どこの国のどんな番組か分からないが、展望台で男女二人組を撮影していた。絶景の撮影ポイントではある。

エレベーターからサン・ロケ教会まで歩いた。サン・ロケ教会は、日本の天正遣欧少年使節団（１５８４年）が1か月ほど滞在した教会で中に入ってみたかったが、土・日は13時までだったので入場できなかった。残念。使節団が滞在した場所近くの空間に身を置いたということで我慢しよう。

サン・ペドロ・デ・アルカンタラ展望台の広場でコーヒータイム。地元の人しか来ないような小さな公園でゆったり寛いで、地元民になったような感じだった。

公園すぐ脇のグロリア線のケーブルカーに乗った。リスボンではケーブルカーに乗るのも観光の一つだ。車中でドイツから来た人たちと挨拶を交わす。佐藤さんは旅慣れている上に社交的な方なので、すれ違っただけの人にも積極的に話しかけられる。私たち夫婦もついつい佐藤さんと同じように行動してしまった。

再びロシオ広場に戻って来て、地下鉄レスタウラドレス駅からバイシャ・シアード駅へ。近くのトラム28に乗り、ピカのケーブルカーへ向かった。旅行ガイドによるとこのトラム28に乗るのも立派なリスボン観光の一つで、「トラム28で坂の街をクルージング」という観光案内が載っているぐらいだ。

トラム28を降りて、ピカのケーブルカーに乗った。このケーブルカーも映画やCMに登場する有名な観光ポイント。線路の両側に家が迫っている細い道をゆっくり走っていた。リスボンは郷愁を誘う小さな乗り物が絵になる街だ。

ピカのケーブルカーを降りてから、同じ車両に乗っていた西洋人のご婦人と話をした。ご婦人のことばがフランス語だったので、私もカタコトのフランス語で話しかけてみた。フランスではなくベルギーから来られたことが分かった。一緒に写真を撮って別れた。

地下鉄カイス・ド・ソドレ駅まで歩いた。駅までの道にあまり風情は無かった。カイス・ド・ソドレ駅からロシオ駅まで乗り、再びロシオ広場に戻ってきた。

ロシオ広場に戻って来て、広場近くでビールタイム。呼び込みをやっている店がいくつかあったが呼び込みのお兄さんがいちばん人の良さそうな店に入った。店の名前は、何故か、Ciao

Milano。私はビールにしたが、恵子はワイン、J.Portugal Ramos 社の marques de Borda という銘柄だった。佐藤さんがいるので、またまた店のウエイターと話をする。日本にいたことがあると言っていたが、本当だろうか。調子いい感じの人だったし。

地下鉄ロシオ駅から乗り、アラメダ駅で乗り換えてオリエンテ駅まで行った。駅前のバスコダガマショッピングセンター前で佐藤さんと別れた。佐藤さん、楽しかったです、ありがとうございました。

私がバスコダガマショッピングセンターを最後にしたのは、明日帰国するので、お土産を買ったり、夕飯を食べたりしたかったからだ。ショッピングセンターは広くて近代的で、今まで見てきた古いリスボンとは大違い。現代のリスボン市民の生活を見る感じだった。食事は気楽にフードコートで取った。

買物、食事をした後、ホテルに帰った。ホテルに着いたのが午後8時頃だったので、自由行動でリスボン市内を約6時間動き回ったことになる。とても疲れたが良い思い出になった。

ポルトガル最後の夜をホテルのバー Adamastor でお酒を飲んで過ごした。

サン・ペドロ・デ・アルカンタラ
展望台

ケーブルカー　グロリア線

サンタ・ジュスタのエレベーター

ピカのケーブルカー

ベルギー人のご婦人と

ロシオ広場近くの店

10月17日（月）

今日は帰国の途につく日。しかも朝4時45分にホテル出発なのでモーニングコールは3時30分。前日のリスボン巡りで疲れていたので3時30分起床はさすがにハードだ。前夜のうちにあらかた荷造りを終えていたためスーツケースのパッケージングはスムーズで出発10分前にはバスに乗り込んだ。朝食を食べる時間がなかったので、ホテルがお弁当を出してくれた。お弁当の中にはハムとチーズのサンドイッチ、ジュース、ヨーグルト、リンゴ1個が入っていた。空港までのバスの中と空港についてからの待ち時間の間に食べ切った。

リスボン空港に到着し、免税手続きのある人は添乗員さんのすぐうしろで搭乗手続きをするように言われた。免税手続きがあるのは私たちだけだった。

他の人は搭乗手続き終了後に搭乗口へ向かったが、私と恵子だけが免税手続きカウンターの方へ。私たちの前に免税手続きをしている人がひと組いたが、スーツケースを開けさせられチェックされていた。私と恵子はスーツケースを開けるように言われることもなく、免税スタンプを押してもらえた。私たちの免税手続きの間、添乗員さんとポルトガル人スタッフが補助してくれたので、私たちは一言も言葉を発することはなかった。

スーツケースを預けたあと、手荷物検査場へ向かい、問題なくパス。同じ団体の他の皆さんに合流して機内に乗り込んだ。免税手続きがあったのでリスボン空港内を歩き回る余裕がなかったのは残念だった。

飛行機は6時55分発のルフトハンザ航空LH 1173便、フランクフルト行き。座席は24番のBとCで、3人掛けの席の通路側から2席だったのでトイレの心配をする必要が無くて良かった。機内では1回食事が出た。定刻通りの時間にフランクフルト空港に到着。出国審査は何の問題も無く終了。やはり日本人は信用度が高いのだろうか。そのうえ団体旅行だし。

出発まで2時間以上の時間があったので、まずショッピング。ドイツらしい土産がほしいと思い物色していたところ、ベルリンの壁を壊した時の、壁の破片を売っていたのでゲット。3~5㎝ぐらいの大きさの単なる破片が10ユーロもしたが、記念になると思い買ってしまった。その後、搭乗まで約1時間の間、体を横にすることが出来るイスがあったので、寝転がってゆっくり休んだ。ここまで恵子は良く頑張った。あと半日、頑張れ恵子!

13時55分発のルフトハンザ航空LH 740便に乗り込み、いよいよ日本へ。飛行機の席は、私は一人席で、恵子は別の席にいた。他に、一人で参加している人、夫婦で離れた席になった人がいて、その5人で相談した結果、うまい具合に夫婦二人で並ぶことができた。しかも二人掛けの席だったので恵子を窓側に座らせてもトイレの心配をすることはなかった。前にも書いたが、ルフトハンザ航空国際線の飛行機で特筆すべきは、飛行機中央の階段下に、5箇所ものトイレが集中してあることだ。長旅だけにトイレの安心感は大きい。

10月18日（火）

日本時間にして6時45分頃（着陸約1・5時間前）に朝食が出た。しかしお腹がいっぱいで、おいしいとはあまり感じず、飲み物もアルコール抜きでコーヒーと水にした。

最後だけ恵子に窓側の席を替わってもらい、飛行機が着陸する瞬間を動画に撮った。

ドイツ人らしい正確さで予定通りの時間に着陸した。入国審査、荷物受け取りと済ませた後、添乗員の近藤さんにお礼の挨拶をして別れる。その後、税関を通過しこれで帰国した。


ポルトガルの免税手続き所でハンコを押してもらった免税書類を南海電車の駅前にある免税所に持って行き、現金がバックされた。約1万4千円戻ってきた。

次に特急はるかの座席指定を取り、9時16分に発車。京都で在来線に乗り換え、最寄り駅からタクシーで帰宅（1510円）。家に着いたのは午前11時前だった。

昼ごはんは恵子と二人で「薬膳料理」。その後、約2時間昼寝。少し眠って疲れがとれた。

5. ドイツロマンチック街道とオーストリア旅行

2012年6月10日(日)

朝、最寄り駅まで子供に送ってもらった。最寄り駅からはるか3号に乗車し関空へ。ほぼ定刻通りの8時前に関空に到着。

集合は8時30分だったが既に受付に列が出来ていた。早めに来て良かった。添乗員は少しダミ声の原田さんという女性。30～40代で、旅行経験豊富で任せて安心という印象だった。ダミ声で笑う時には迫力さえ感じた。

原田さんに受付をしてもらった時、恵子の席が通路側で無いことが判明。原田さんからは「席を替わってもらうよう、誰かと交渉してみてください」と言われたが、恵子は絶望のどん底の様子。トイレの心配からか、旅行に来なければ良かったと思っているような印象すら受ける。いろいろ元気付けたが、立ち直れない様子だった。

いつも通りスーツケースを預けるが、飛行機はＫＬＭオランダ航空なのに、チェックインはエールフランスのカウンターでおこなった。

スーツケースを預けた後、手荷物検査、出国審査を経て、出発ゲートへ向かう。途中の店で、ロクシタンのハンドクリームなどを買って、恵子の気持ちを高めようと努める。10時頃に、ＫＬＭオランダ航空ＫＬ０８６８便への搭乗を開始。

座席に着いて、３列席の通路側が若い日本人男性であることが判明（私と恵子は、窓側と真ん中）。恵子が勇気を奮い起こして、席を替わってもらえないか交渉すると、何と「いいですよ」という返事。そばにいて、恵子の気持ちが、みるみる晴れていくのが分かった。一気に旅行が楽しいものになってきたようだ。結局、その若い日本人男性が窓側、私が真ん中、恵子が通路側になった。

その日本人男性と話をして分かったことだが、彼はヨーロッパで長く生活していて、今はオランダで仕事をしているそうだ。仕事のため一人で飛行機に乗るぐらいだから、彼は通路側が良かったに違いないが、恵子の必死な形相を感じ取って座席を替わってくれたのだと思う。優しい人が隣で良かった。

飛行機は日本時間10時30分に関空を離陸。機内食は昼食と夕食の2回提供された。飲み物は、私はビールにしたが、恵子はTERRA ANDICAというワインにしていた。

オランダのスキポール空港に着いて、名前は聞かなかったが親切な日本人男性に十分お礼を言ってから機外へ。男性のおかげで快適なフライトを楽しめた。

飛行機を降りて入国審査。添乗員さんがいる旅行ではあるが、入国審査の時はいつも少し緊張する。入国スタンプを押してもらい通過しホッと一息。

アムステルダムからフランクフルト行きの飛行機に乗り換えるので、再び手荷物検査があり、ツアー全員が終了するのにかなり時間がかかった。

機内での最後の食事から大分時間が経っていたので、空港で弁当を買った方が良いと添乗員さんからアドバイスを受けサンドイッチを買った。恵子は4・95ユーロのベーコン・レタス・チーズ・トマトのサンドイッチで、私は同じく4・95ユーロのスモークサーモンのサンドイッチにした。パンが堅かった。

現地時間17時40分発予定のKLMオランダ航空KL１７７３便に搭乗しフランクフルトに向けて出発。今度の飛行機は二人掛けの座席で、恵子と並び席だったので、窓外の風景も含めてゆっくり楽しめた。飛行時間が短いのも良かった。フランクフルトに着いた時には、長旅でもう十分疲れていたが、そこからバスでケルンに移動した。

途中サービスエリアに寄ったのでトイレに入った。トイレを借りるのに０・７ユーロ必要だった。お金を入れたら、何と０・５ユーロと記載された領収書が出てきた。この領収書はドライブインの中で買い物をした場合、０・５ユーロとして使えるので、ドライブイン内で買い物をした客は０・２ユーロでトイレを使えることになる。買い物をしない場合はトイレ使用料０・７ユーロ。よく考えている。

バスの乗降口の上部に時計があり、その時計が22時を表示している時に空を見たら、まだうっすらと明るさが残っていた。夏のヨーロッパは日が暮れるのが遅い。

ケルン大聖堂に到着。ライトアップされた大聖堂を見るのが目的だったが、そんなことどうでも良いと思うぐらい疲れていた。早くホテルに入ってゆっくりしたかった。2年前のフランス旅行の時のように直行便が楽だとつくづく思った。ただ大聖堂の近くの店で４７１１（老舗のオーデコロン）を売っているのが分かったのは良かった。

全てのスケジュールを終えて、今夜の宿、ホリディイン・エクスプレス・ケルンに着いたのは、現地時間で夜の11時を回っていた。ほぼ24時間寝ていない。部屋番号２１８号室に入りシャワーを浴びて横になったら、すぐにバタンキューだった。

6月11日（月）

睡眠時間は短かったが、深く眠れたらしく5時頃に起床。

朝食前にホテル周囲を散歩した。近くにガソリンスタンドとサブウェイがあった。謎の看板china-Restaurant「金魚軒」（漢字で表記）があった。私は入りたくない。

8時15分に予定通りホテルを出発。昨夜ライトアップを見たケルン大聖堂にもう一度行く。ケルン大聖堂は、ゴシック様式の建築物としては世界最大と言われ、世界遺産に指定されている。大聖堂のあるケルンは、香水発祥の地と言われている。オーデコロンは「コロンの水」という意味で、コロンはケルンのフランス語読みである。

ケルン大聖堂に着いて添乗員さんによる大聖堂の簡単な説明の後、しばし自由行動。私たちは大聖堂には入らず、４７１１の本店を目指した。４７１１とは１７９２年創業の老舗のオーデコロン店だ。ケルンには４７１１より古いファリナ・ハウスというブランド店もある。ただガイドブックによると、開店時間が４７１１より1時間遅かったので４７１１に行くことに決めていた。団体旅行では1時間の差は致命的なのだ。

恵子が添乗員さんに４７１１の本店に行きたいと希望を伝えていたので添乗員さんが道案内をしてくれた。もちろん他にも6名ほど４７１１に行きたい人がいたためで、団体旅行で特別待遇はあり得ない。

結局、4711本店も開店前だった。残念！　4711本店の前で写真を撮った後、大聖堂前に戻ったが、本店に行くまでの街歩きが楽しかったのでそれなりに満足。4711は大聖堂の近くの店で買った。

その後、大聖堂の中に入った。高いリブ・ヴォールトの天井は天に昇るような垂直感を醸し出していた。ステンドグラスも綺麗だった。というか、薄暗い教会の中に眩い光を取り入れるステンドグラスはどの教会で見ても美しいものだ。

バスでリューデスハイム近くにあるという昼食会場を目指す。最初、高速道路を走っていたが、その後、高速から降りて高い木が林立している山道を走った。恵子と二人で「宇治田原の山道のようだ」とのんびりしたことを言っていたが、そのうちバスが途中で方向転換などを始めた。同じ道を戻っていくこともあった。運転手や添乗員さんから何も説明は無かったが、明らかに道に迷っているように見えた。全ての行程がバッチリ決まっていると思われるパック旅行でも、道を間違えるという初歩的ミスをおかすことがあるのだと思った。バスはナンバープレートから判断するとオーストリアから来ていたと思う。

ほぼ1時間遅れで昼食会場のレストランに到着。ライン川巡りの乗船場近くのレストランだったが、その乗船場がライン川のどの辺りに位置していたかは分からなかった。眺めの良いレストランでロケーション的には最高だった。そこで前菜にザワークラウト、メインにマスのグリルを食べたのだが、結構絶品だった。昼食後は船着き場近くの売店で絵ハガキやパンフレットなどを買って過ごした。

ライン川沿いをドライブしてリューデスハイムを目指した。川の対岸に、山上の古城や教会などが次々現れて見飽きないドライブだった。

リューデスハイムはライン側右岸の小さな街で、ワインの醸造と水運が主な産業である。15世紀に作られた市街地中心部の石畳の道、つぐみ横丁が有名である。

つぐみ横丁の入口には、ぶどうのマークに drossel gasse と書かれた看板が掛かっていた。軽く上り坂になっているつぐみ横丁を歩き、突き当たりを右に曲がって少し行ったところのプロストワインハンデルというワイン醸造所に入った。醸造所の歴史は結構古いと言っていたが、日本語の案内板があったり、日本人スタッフがいたり、日本にも代理店があるとか、少し不思議な感じの店だった。試飲したワインが美味しかったので購入決定。恵子が、家用と大学の先生用にワイン各1本を購入。持ち帰らなくても日本の代理店から届けてくれると言っていた。旅の荷物が増えなくて良かったが、日本にある在庫を送ってもらうだけかも？

リューデスハイムを後にしてローテンブルクを目指す。途中、トイレ休憩でサービスエリアに寄った。前の時もそうだったが、黄色とオレンジのマークに serways と書かれた看板のある店に入った。近くにあったドイツのポストは黄色の箱型だった。

ローテンブルクはドイツロマンチック街道に位置するおとぎ話に出てくるような街である。城壁で囲まれた中に、中世の街並みがほぼそのまま残っていて、まるで中世にタイムスリップしたような感じの街だ。

そのローテンブルクで泊まるホテルは、ツール・リンデ。城壁の外と聞いていたので、少しがっかりしていたのだが、ガルゲン門まで徒歩1～2分という便利な場所にあった。設備も快適で合格点だった。

昼食会場に行く時に道に迷ったため、その分ホテル到着も遅くなり、ローテンブルクを観光する時間がほとんどなくなってしまった(夕食の時間が決まっているため)。そのため添乗員さんの判断で、明日の出発時間を遅らせて、朝に各自でローテンブルクを散策できる時間をとることになった。各自で散策できるためには、ローテンブルクの見どころを知っておく必要があるということで、夕飯前に市庁舎まで歩くことになった。

聖ヤコブ教会などを見ながら市庁舎前広場まで来たら、タイミング良く市参事宴会場の仕掛け時計が見られた。古いものらしいがほとんど動きが無かったので、それほど感動はなかった。近くのRats stubeというレストランでシュネーバレンという菓子を買った。雪の玉という意味のローテンブルク名物の揚げ菓子らしい。テディベア専門店テディズ・ローテンブルクは閉まっていて恵子は残念がっていた。明日の出発時にもまだ店が開いていないはずなので、恵子にはテディベアは諦めてもらうしかない。

夕飯はホテルのレストランで食べた。夕飯後は少し起きていたように思うが、何時に寝たか覚えていない。シャワーも浴びていない。

ケルン大聖堂

リューデスハイム　つぐみ横丁

ローテンブルク　仕掛け時計

6月12日（火）

昨夜は気付かないうちに寝てしまったせいか、今朝は4時頃に目が覚めた。昨夜シャワーを浴びていない事を思い出し朝シャンした。そうこうしているうちに恵子が起きてくる。朝、ローテンブルクを散歩しようという事になり、5時過ぎにホテルを出発。

ガルゲン門から城壁の上に登る。高いところから眺めるローテンブルクの街は美しかった。写真を撮りながらクリンゲン門に向かい、そこで下に降りる。城壁沿いに道なりに歩くと、自然に城壁から離れていく。聖ヤコブ教会の下をくぐった後、右に折れてブルク公園へ。ブルク公園の南側の門から出て、城壁沿いに歩き、中世犯罪博物館を過ぎたところで左折。店のしるしを表す看板が美しいと言われる道を歩いてマルクト広場へ。マルクト広場からテディベアの店の前を通ってレーダー門へ。レーダー門から再び城壁の上に上がってガルゲン門で降りた。約1時間、ローテンブルクを半周する散歩が出来て楽しかった。

朝食後、ロマンチック街道をドライブ。ロマンチック街道は、ヴュルツブルクからフュッセンを結ぶ全長約３７０㎞の道。街道沿いに点在するローテンブルクのような中世の街並み、これから行くノイシュバンシュタイン城やヴィース教会など見どころ満載の街道だ。

ノイシュバンシュタイン城に近付くにつれて段々と雨が激しくなる。遠景も霞んできて、観光には残念な天気になってきた。

我々が乗ってきたバスでは城の近くまで行けなかった。ホーエンシュヴァンガウというところで、違うバスに乗り換えなければいけなかった。そのバスの発車地近くのレストランで昼食。パンフレットにはマウルタッシェンと書いてあったが、パスタにひき肉を詰めたような料理だった。あとで調べたら、南ドイツの郷土料理で、パスタ生地にほうれん草やひき肉を包んで煮たもので、日本ではドイツ風餃子とも言うらしい。

昼食後、雨の中をノイシュバンシュタイン城観光に出発。最初はバス（Neuschwanstein Bus）に乗って城の近くまで移動。降りたところから2、3分でマリエン橋に到着。ガイドブックにマリエン橋からの眺めがベストショットと書いてあったが、その通り素晴らしかった。ただ、如何せん雨の中。晴れていたら青い空をバックに城がもっと映えていただろうと思うと残念だった。

ノイシュバンシュタイン城は狂王ルートヴィヒ2世によって19世紀に建築された。その美しさと城に関わるロマンによって多くの観光客を引き付けている。今日も観光客が多く、そのため入場するのに待たされた。

やっと城の中に入る。添乗員さんが、イヤホンガイドを借りると良いと教えてくれた。受付で

「ジャパニーズ」と言えば良いということなので、恵子の分も含めて「ジャパニーズ」と言って受け取る。受付を済ませ前方のドアをくぐる。

　イヤホンガイドの解説が始まったら、何と私のからは中国語が聞こえてくる。恵子のイヤホンガイドは、ちゃんと日本語だった。恵子は受付で換えてもらえばと言ったが、受付側のドアは閉まっていて、さっき通ったばかりの受付も見えなくなっていた。おそらく大人数の人で混乱するのを防ぐため、一旦入場したら後戻りできないようにしているのだろう。だが、まだ入ったばかりなので何とかなるかもしれないと思い、意を決し受付側のドアを開けたら、ドアの側にいた係員に「行け、行け」とジェスチャーで制止されてしまった。

　仕方がないのでしばらく経ってから添乗員さんに事情を話したら、添乗員さんが自分のイヤホンガイドを私に貸してくれた。感謝。ただ途中からだったので、事前に旅行ガイドブックを読んで知識を入れていた洞窟と歌人の間以外は十分に説明を聞けないまま終わってしまった。

　後で添乗員さんに聞いたところ、添乗員さんもイヤホンガイドを2回交換してもらって3回目に日本語になったらしい。私も受け取ったその場で確認すべきだった。添乗員さんに悪いことをした。なお添乗員さんも日本語でなかった2回は中国語だったようだ。東洋系ではやはり中国人観光客が多いのだろうか。

　城の見学を終え、バスに乗って戻り、停留所近くのLislというショップで買物。40分ほど時間を取ってもらえたので、ゆっくり買物が出来た。恵子はシュタイフのテディベアのぬいぐるみ、私は「鈴の飾り」、子供用にヘンケル製の爪切りなど、免税手続きが必要になるぐらい色々と買った。なおシュタイフとはドイツの老舗のぬいぐるみ店でテディベアが有名だ。

次はヴィース教会観光。この教会は１７４５年から１７５４年にかけて建造され、現在世界遺産に指定されている。内部のロココ装飾が素晴らしい。写真から受ける勝手な印象で、野原の中にポツンと立つ小さな教会を想像していたが、実物は大きく堂々としており予想外の大きさだった。まだ雨が降り続いており、まるで冬のような寒さの中での観光だった。そのせいか観光客が少なく鄙びた感じもあった。

聖地ではあるらしいが、勉強不足のため、宗教上の重要性が分からないままでの観光となってしまった。後で調べたところ、この地で鞭うたれるキリストの像が涙を流したという奇跡（ヴィースの奇跡）があり、多くの人が巡礼にくるようになったため、最初は礼拝堂だった場所に教会を建てたということだ。

ヴィース教会に30分ぐらい居た後、フュッセンのホテルへ。ホテルの名前はシュバンガウアーホフ、部屋番号は10番だった。今回のホテルは良い意味で予想を覆すホテルばかりだ。今日のホテルも歴史遺産の集まった旧市街ではなかったが、風情ある小さな集落の中にあり、ホテル自体も昔ながらのこの地方の民家を改装したような感じであった。ロマンチック街道の中の、とある集落の伝統家屋の一つに宿泊したという感じがとても好ましかった。

夕飯はフィッシュ・アンド・チップスを彷彿させるような魚料理だった。

ヴィース教会

ローテンブルク　城壁

ノイシュバンシュタイン城

6月13日（水）

昨日はとても疲れていたので、夕飯が終わって部屋に戻ったら気付かないうちに寝てしまい、起きたら朝の7時前だった。腸の調子が悪く正露丸を飲んで抑えた。

とても気持ちの良いホテルだったのだが、何と朝食が人数分なかった。それで一人当たりハムが2枚、チーズ（薄くて四角形のもの）1枚、パン1個に制限されてしまった。添乗員さんが全員に平等に分けるため、ハムの枚数を数えていた。「（添乗員として業務を行う中で）ハムの枚数を数えたのは初めて！」と叫んでいた。

出発前、ホテルの前でバスのドライバーと私たち夫婦とで記念撮影。しかし、後で他の女性に聞いたら「腰に手を回してきて、くすぐったかった」という人がいた。良いドライバーなのだが少し微妙だ。

ホテル前で、イチゴ形の屋台に入ったおばさんがイチゴを売っていたので恵子が買った。日本のイチゴで3パック分ぐらいあったが、何と3ユーロだった。地元の男性も買いに来ていたので悪いものではないだろう。このあと大量のイチゴを食べ切るのに苦労した。

予定より1時間早く、8時にホテルを出発。出発してしばらく経ってから、昨日は雨のせいで遠景が楽しめなかったノイシュバンシュタイン城を恵子が見つけた。私は恵子が教えてくれなかったら気付かなかっただろう。こういうところ恵子は本当に目ざとい。

その後、ミュンヘン市内（と思う）を通って、高速道路上で国境を通過。国境の目印として、ユーロのマークがあるということで、私はチラッと見えたのだが、恵子は横を走っていたトラックの陰になり見えなくて残念がっていた。しかし、昔の国境検問所の跡を写真に収めたので良かったと思う。

4時間ぐらいドライブした後、ザルツブルクに到着。市内のレストランGANS HOFで昼食。メインはロールキャベツであったがナイフで切りにくいキャベツだった。キャベツの味は良かったが少し酸味があった。酢漬けのキャベツで巻いてあったのだろうか。飲み物は添乗員さんおすすめのAlmdudlerというジュースにした。

昼食後、今回のツアーで初めてガイドさんが付いて市内観光をした。最初にミラベル庭園に行った。この庭園は映画「サウンドオブミュージック」の舞台になったことで知られている。思ったよりこぢんまりした庭園だった。ツアーの人たちは、添乗員さんに教えてもらって、映画と同じ場所で同じポーズをして写真を撮っていた。

次に旧市街へ行き、モーツァルトの生家前から旧市街を一周することになった。

しかしである！　モーツァルト生家前あたりで急にお腹が痛くなってきた。確実に下痢の症状だ。これから30分かけてツアー客全員で市内観光するという。便意を我慢出来るかどうか心配だったが、他のお客さんに迷惑を掛けたくないので、とにかくガマンして付いていくことにした。トイレが気になり市内観光どころではなかったのであまり覚えていないが、まずモーツァルト生家の裏の広場からスタートして、ザンクト・ペーター教会の墓地～ホーエンザルツブルク城へのケーブルカー乗り場の前～大聖堂前の広場～レジデンツ広場～モーツァルト生家の裏の広場、と一周したように思う。

一周してきてやっと1時間の自由時間がもらえた。他のツアーメンバーは観光に出かけたが、私はトイレに直行。恵子に50セントを貰って直ちに広場のトイレに駆け込んだ。トイレの入口に「DANKE」と書かれた箱があったので、そこに50セントを入れてトイレに入ろうとしたら、トイレの個室のドアを開けるのに50セントを挿入する必要があった。私は50セントを入れる場所を間違ったのだ。しかも個室を空けるのに50セント硬貨しか使えなかった。

せっかくたどり着いたトイレなのに引き返して、トイレ前の店で両替をたのむが50セントは無いと言われてしまった。2軒目の店で両替をしてもらって、直ちにトイレに引き返す。運よくトイレが空いていたので、約1時間のガマンから解放された。

次にいつ腹痛が襲ってくるか分からなかったが、一人寂しく待っていた恵子のために頑張って市内観光を開始。ザルツブルクとは塩の城を意味しており、古くから塩の交易で栄えてきた街である。モーツァルトが生まれた音楽の都であり、また古い街並みも保存されているので見どころはたくさんある。しかし私のトイレタイムで時間を浪費したのでポイントを絞って観光することにした。①モーツァルトの生家へ入場する(団体行動の時には入場しなかった)、②ザルツブルクで一番古いと言われるカフェでお茶にする、③ザルツブルクでしか買えないチョコレートを買う、の3点に絞った。

最初に1人7ユーロを出してモーツァルトの生家に入場。生家は黄色っぽい外壁で目立っていた。私は音楽がまるでダメだが、恵子は音楽愛好家なので良かったようだ。私は音楽そのものより、6歳のモーツァルトが、マリー・アントワネットに対して「大きくなったら僕のお嫁さんにしてあげる」と言ったという逸話的なものの方に興味がある(というか音楽の良さが全く理解できない)。あの逸話のモーツァルトが生まれた家、それがここなのか、という音楽とは関係の無い感心の仕方で見学していた。それにしても古いものが良く保存されている。ミュージアムショップで記念品を買ってから次に行った。

生家からレジデンツ広場に向かう道の途中にある1705年創業でザルツブルク最古と言われるカフェ・トマセリに入った。恵子はアインシュペンナーというクリームの乗ったコーヒー(3・5ユーロ)、私はブラックコーヒー(3・5ユーロ)を注文した。ウエイターさんの感じが良かったのでチップは1ユーロ。休憩もかねてゆっくり味わって飲んだ。

次に同じ広場のFURSTという店で、ザルツブルクでしか売っていないという青と銀の包装紙に包まれた小さな球形のチョコレート（1個1ユーロ）を5個買う。モーツァルト・クーゲルという名前らしい。ここで自由時間がタイムアウト。集合場所へ向かう。トイレのため時間をロスしたのが痛かった。

集合後直ちに夕食のレストランへ。夕食のメインはビーフシチューのような感じの料理だった。

夕食後ホテル・ザルツブルクウェストにチェックイン。部屋番号は３４０３号室だった。今日は7時台の早めのチェックインということで、疲れた体にはありがたかった。

ホテルはザルツブルクの中心部から少し離れた位置にあった。旅行前は早朝散歩が楽しめるザルツブルク旧市街に位置するホテルが良いと思っていた。しかし旅行も4日目で体の疲労がピークに達しており、街中のホテルであっても早朝散歩はしなかったと思う。結果論かもしれないが郊外ではあるが快適なシティホテルに泊まれて良かった。

疲れてはいたが、それでも夕方少し散歩した。ホテル前のインスブルッカー国道を15分ほど歩いた。後で調べたら、ザルツブルク空港の近くまで来ていた。ザルツブルク空港は市内から２㎞程度の近い位置にあった。

ザルツブルク　ミラベル庭園

ザルツブルク　カフェ・トマセリ

フュッセン　ホテル前

6月14日（木）

予定通り9時にザルツカンマーグト地方へ向けて出発。バスは高原のような道をひたすら走って2時間程でハルシュタット湖クルーズの船着場に到着。とても景色の良い別天地のような場所だった。Hall はケルト語で「塩」、Statt はドイツ語で「場所」を意味するということだ。

到着後、20分程度の自由時間があった。まずはトイレだ。今回の旅行では腹痛と下痢が続いている。症状は重くないとは言え、トイレ休憩が少ないのでとても心配だ。20分程度の自由時間だが、恵子は精力的に買物をしている。小物ばかりとは言え、たくさん買っている。帰国後にあの時買っておけば良かったと後悔するのが嫌なのだろう。

我々が到着した船着場の向こう側の湖畔には線路があり、車体にOBBと書かれた貨物列車が走っていた。また湖畔には京都府伊根町の舟屋みたいに、湖畔に突き出した家の軒下にボートが係留されていた。散策とショッピングをしながらマルクト広場まで往復した。

湖上クルーズでは人による説明は一切無かった。おそらく、様々な国から観光客が来ているので耳障りな声を出さないようにしているのだろう。音声は船から流れてくる放送のみ。それもドイツ語とナチュラルスピードの英語なので、私には理解できず。ただ景色を眺めているだけだったが、それで十分だった。雑念を忘れて美しい風景の中にゆったりと浸ることができた。「今回の旅行ではここだけを楽しみに参加した」と言い切ったお客さんもいたぐらいだ。

クルーズ終了後、集合前にまたトイレに行ったら、何と集合時間に1分遅れてしまった。今回の旅行では集合時間に遅れる人がほとんどいなくて、これで2回目の遅れと思うが、そのうち1回が私のせいとなった。しかも原因がトイレなので恥ずかしいと同時に、腸の調子が回復しないとまた遅れるかもしれないという恐怖心が襲ってくる。気にすると余計に敏感になってくるので悪循環だ。

クルーズ後の昼食はGasthof Weisses Lammという場所だったと思う。添乗員さんによるとハルシュタットで評判の店で、1匹丸ごとのチキンをローストしたものが出た。確かに味は良かったが、元の姿を想像させるので今一つ食欲が湧かなかった。肉食人種ではない日本人には少し向かない。めずらしく半分以上残した。

ハルシュタット湖観光後、ひたすらウィーンを目指す。途中1回トイレ休憩があった。その時もとりあえず個室に入室。今回の旅行では珍しく無料の個室だったので少し驚いた。

ウィーン到着後、市立公園の近くにバスを停めて、ヨハネス通りを歩いて夕食のレストランZUM KELLERGWOLBへ。メインは白身魚のグリルにタルタルソース風のものをかけたものだった。夕食後に時間があったら美術史博物館へ行ってみたいと考えていたので、早くレストランタイムが終わらないかと考えていた。

夕食が終わりホテル・ベルヴューにチェックインしたのは、予定通り7時半頃。ホテルはウィーンのリングと呼ばれる旧市街の中ではなかったが旧市街に近いところにあった。最寄り駅の地下鉄も徒歩圏内であった。

明日の自由行動に備えて、地下鉄の乗り方を覚えておこうと思い、出掛けることにした。7時50分になっていた。ホテル近くのU4線・Friedensbrucke駅で24時間券を購入。券売機は英語表示、しかも単語の羅列だったので簡単に買えた。これが8時10分頃。あわよくば美術史博物館（9時閉館）に入れるかもしれないという期待が膨らんできたので、そのまま地下鉄に乗ることにした。美術史博物館にはブリューゲルの世界最大のコレクションがあり見てみたい美術館だった。ただし初めてのウィーンで距離感も掴めないし、場所も分からないので開館時間内に行ける自信は全くなかった。

2駅目のショッテンリング駅でU2線に乗り換え5駅目のミュージアムクォーター駅で降りる。地上に出て方向が分からなくなったので、近くの男性二人連れに声を掛けて道を尋ねた。私が差し出した地図を見て分からなさそうな顔をする。内心では「この人たち、こんな有名なところが分からないのか。地元の人じゃないのか」と思った。最終的には教えてもらえたので良かった。あとでよくよく考えたら、私が差し出した地図は、日本から持ってきた完全日本語版の地図だった。あの人たちも戸惑ったに違いない。疑って悪かった。

8時30分に着いたら、美術史博物館は閉まっていた。ガイドブックには9時まで開いていると書いてあったのだが、今日は何らかの事情で早めに閉館したのだろうと思った。あきらめてマリア・テレジア像の前で写真を撮り帰ろうとしていたら、向かいの自然史博物館から人が出てきた。そこで恵子がピンときて、自然史博物館と美術史博物館を間違えているのではないかと言った。地図と現物を見比べたら、まさしくそうだった。今、人が出てきた建物の方が美術史博物館だったのだ。

8時40分になっていたが、人が出てきたということは、まだ入れるかもしれない!! 勇気を出して重いドアを開けて美術史博物館の中に入った。

そうしたらスーツを着た身なりのいい係の人がいたので、中に入りたいという希望を、ジェスチャーをまじえて伝えた。係の人は「あと20分しかないが良いか」と言う。「OK」と答えたら、他の係員と相談した後、「行け、行け」と合図してくれた。何と無料で入場させてもらえたのだ。旅慣れたバックパッカーや美術関係者以外で、日本人でこういう経験、すなわち無料で美術史博物館に入場した人は少ないのではないかと思う。

ただ時間は20分。広い美術館の中でブリューゲルの絵は何処にあるか分からない。もうやぶれかぶれで、係員にブリューゲルの絵はどこにあるかと、メチャクチャ英語で尋ねた。

係員は「ブロイゲルか?」「ブロイゲルならアンダーサイトにある」と言う。ブロイゲルではなく、ブリューゲルだと思ったが、説明している時間もないのと、最初の音が「ブ」だったことに運を天に任せて、下の階に向かおうとした。

そうしたら恵子が「私はアンダーではなく、アザーに聞こえた」という。そこで係員の向かい側の展示室に入ったら、ブリューゲルの絵を発見！　バベルの塔を含めたブリューゲルの本物を自分の目で見た。他に見物客がいない独占状態で、しかも無料で見たという、私の旅行記の中でも特筆すべき日であった。

ハルシュタット

ハルシュタット　マルクト広場

ウィーン美術史博物館　閉館間際

6月15日（金）

いよいよ観光の最終日。朝食前にホテルの近くを散歩した。ホテルの前の市電が走っているアルタン通りを横切ると、そこはフランツ・ヨーゼフ駅。ホームは見ていないが巨大な駅だった。駅の前のアルサーバッハ通りを歩いて、Akakikoという日本料理店を見つけたり、黄色いポストの前で写真を撮ったりしてホテルに帰った。

ウィーンはヨーロッパ随一の名門王家と言われるハプスブルク家の本拠地で華やかな貴族文化が栄えた街である。リングと呼ばれる環状道路で囲まれた旧市街はユネスコの世界遺産に登録されている。シュテファン大聖堂やホーフブルク（王宮）など見どころが多い。

市内観光で、まずシェーンブルン宮殿へ行った。黄色の外観がとても華やかな感じで、女帝が好んだことが分かる。今日のガイドさんは素晴らしかった。今回の旅行というより、これまでの旅行で一番良かったと言っても過言ではない。説明が簡潔で無駄が無い。シェーンブルン宮殿について、一端の通になったような気にさせてもらった。ただ内部は写真撮影禁止だったので詳細が思い出せないのが残念だ。自由時間は庭園の写真撮影（もちろんこちらは撮影自由）と買物に費やした。

昼食は昨夜のレストランから１００ｍと離れていない場所にあったレストラン・Mullerbeisl

でとった。メインのウィンナーシュニッツェル（仔牛のカツレツ）とデザートのザッハトルテ（チョコレートケーキ）はとてもおいしかった。

昼食後解散。いよいよ半日の自由行動がスタート。私の腕の見せ所だ。恵子ツアー客のために進添乗員は以下の通り観光案内した。

A. まずはシュテファン大聖堂から観光スタート。12世紀に建造が始まり、高い塔を持つこの大聖堂はモーツァルトの結婚式が行われたことでも知られる。塔に登って高いところからウィーンの街を眺めようと思ったが、登り口が分からずこれは断念。

B. 大聖堂前の交差点からグラーベン通りに入り、ペスト記念柱を目指す。恵子が途中の店で見つけたマフラーを絶対に買いたいというので入店して購入。ペスト記念柱の前で記念撮影した。この記念柱はペスト終焉を感謝して17世紀後半に建造されたものである。

C. グラーベン通りから少し入ったところにあるペーター教会に寄った。必見と言われる天井画「聖母マリアの被昇天」を見たが、短時間で見学終了。少し足を伸ばしてボーグナー通りに入り、エンゲル薬局の前で記念撮影。エンゲル薬局は16世紀創業のウィーン最古の薬局だ。

D. 同じ道を少し引き返してコールマルクト通り（ブランドショップが多い）に入る。カフェ・デーメルに入るつもりだったが、喫茶の入り口が分からなかったのと、お腹が空いていなかったのでパスした。デーメルは老舗のカフェで、フランツ・ヨーゼフ1世と皇妃シシィも通ったということだ。

E. ミヒャエル広場から旧王宮に入場。シシィ・ミュージアムと皇帝の部屋を見る。ここも撮影禁止だったので、細かいことを覚えていない。シシィ・ミュージアムの方は皇妃エリザベート（シシィ）の生涯を展示していた。シシィが着ていたドレスの展示など、身近で理解しやすい展示になっていたと思う。銀器コレクションもあることになっていたが見落とした。というか場所が分からなかった。

F. 王宮を出てU3・ヘレンガッセ駅から地下鉄に乗り、フォルクステアター駅で乗り換え、カールスプラッツ駅下車。この時点で恵子が足を痛そうにしていたので、あまり無理をしないことにした。世紀末建築として有名なカールスプラッツ駅の写真を撮った後、そこで休憩をとった。駅前の店（Auf Hochster Stufe ?）のテラス席に座り時間をかけてゆっくりビール（Wieselburger Bier）を飲んだ。

G. やや長めに休んでから、U1・カールスプラッツ駅からU1・シュヴェーデンプラッツ駅へ。郵便貯金局を見ようとトラムに乗ったのが大失敗。逆方向のトラムに乗ったらしい。景色が怪しいのでトラムを降り、近くの店に入って道を尋ねて、逆方向が判明した。なお郵便貯金局に行こうと思ったのは、世紀末建築として面白そうだったのと、記念切手やハガキなどがあれば買いたいと思ったからだ。

H. これ以上、恵子を歩かせられないので、U1・シュヴェーデンプラッツ駅からカールスプラッツ駅で乗り換えて昨夜に続きもう一度美術史博物館へ行った。今日はもちろん入場券を購入して入り、昨日見たブリューゲルに加えて、フェルメールも見ることが出来た。ミュージアムショップで買物もした。

I. 最後はコーヒーにしようと思い、マップにあった「ゲルストナー」を探したが見つけることが出来ず、結局諦めた。

J. U2・ミュージアムクォーター駅から乗り、U4・ショッテンリング駅で乗り換えホテルに帰った。

K. 夕飯を外に食べに行く元気が残っていなかったので、地下鉄の売店でサンドイッチ、ホテルの前のBILLAというスーパーでビール（Stiegl）などの飲み物を仕入れてホテルの部屋に戻った。BILLAは地元の人で大混雑のスーパーだった。

以上が進添乗員の観光コースの顛末である。進添乗員としては、カフェ「ゲルストナー」で「マリア・テレジア」という名前の付いたコーヒーを恵子に飲ませてあげられなかったのが心残りだが、予定していたことはほぼ出来たと思う。

ホテルで落ち着いたのは午後8時頃。この時点で明日の起床時間まで7時間ぐらいしかなかったが、その後スーツケースのパッキングなどして床に着いたのは午後11時頃だった。

ペーター教会　天井画

カールスプラッツ駅前（休憩）

ウィーン美術史博物館（二度目）

6月16日（土）

朝3時30分に起床。ホテルをチェックアウトして空港行きのバスの出発が4時15分に設定されていたので怒涛のような忙しさ。私が急がせるので恵子が気分を害す。仕方がない。

バスに乗ってから（バスが動く前に）、恵子が「上着がない！　どこかで落とした！」と言って、探しに行こうとする（バスの出発予定時刻までほとんど時間がないのに！）。

私はどの上着か判らなかったので、出発までの残り時間が少なくなってヒヤヒヤしていたが、恵子がしたいようにさせていた。探しに行くためバスを降りる直前で「あ！　着てた！」という発言。恵子も相当慌て者だ。

ホテルで朝食が取れなかったので弁当が出た。堅いパンにチーズとトマトを挟んだもの1個、チーズのみを挟んだパン1個、リンゴ1個、トマト1個、それにペットボトルの水1本だった。全部は食べ切れなかったため飛行機搭乗前にリンゴ、トマト、ペットボトルは捨てた。

バスはまだ薄暗いウィーンの街を空港に向けて出発した。途中、遠くに有名な観覧車が見えた。映画「第三の男」に登場したことで知られるあの観覧車だ。バス車中では添乗員さんが空港での注意事項を延々と話されていたので、聞き漏らすまいと集中していた。

ウィーン国際空港に着き、チェックインためスーツケースを引いて歩くのだが、恵子が遅れがちで列の最後尾になることが多くなった。私は恵子の動きを見守ることが出来て、なおかつ前を歩く添乗員さんの行動が見える位置を確保しながら歩いた。添乗員さんを先頭に前を行く人の歩く速度が速いので列が相当長くなった。できれば歩くのが遅い人や足の悪い人への配慮が欲しかった。

空港では、初めて自動チェックインマシンを使用した。そのマシンの操作のためだけに、清水さんというアシスタントが付いた。操作の過程で何回もエラーメッセージが出た。清水さんが付いてくれたので何とか最後までクリア出来たが、自分一人では完了出来なかったと思う。

搭乗券を持って荷物を預けるカウンターへ。私はそのまま預けたが恵子は免税品があったので免税カウンターへ行った。ここでも清水さんのお手伝いがあったので無事終了し、恵子のスーツケースも機内へ送られた。

二人で搭乗口へ急ぎ、搭乗口前のセキュリティチェックを受け待合室に入った。やれやれ、これで1回目の飛行機に乗れる。

飛行機は、6時55分ウィーン発アムステルダム行きのKLMオランダ航空　1838便だった。約1時間半のフライトは機体が揺れることもなく無事オランダ・スキポール空港に着いた。機内ではコーヒーと軽食のサービスが1回あった。

スキポール空港では到着後、次のフライトまで6時間の時間がとってあった。フライト2時間前に集合するとして、4時間も余裕時間がある。長すぎると思ったが理由が分かった。出国審査が大混雑だったのだ。

空港到着後、飛行機から降りる時間・空港内を移動する時間・出国審査の時間などを合わせると1時間半ぐらいかかったと思う。団体旅行ならではの不測の事態が発生する可能性を考慮すると、それぐらいの時間の余裕を見ておきたいのだろう。ただ不測の事態が発生しなかったので、予備時間がそのまま自由時間となった。


スキポール空港には空港内美術館があったので見学した。空港内とは思えない見応えのある美術館でびっくりした。美術館の売店でフェルメールの本を買った。9・9ユーロだった。

美術館以外ではショッピングを楽しみ、ミッフィー関連のグッズや木で出来たチューリップなどを買った。その後は寝そべって休めるベッドがあったので休んでいた。

スキポール空港の外には出られなかったが空港滞在時間が長かった上、オランダ絵画を見たり、買物の時にオランダ人店員と話をしたりで少しだけオランダ気分を味わえた。

関空向けの飛行機KＬ０８６７便に無事搭乗。座席のことを心配しながら機内に乗り込んだ。

そうしたら3列席で、恵子が窓側、私が中央、通路側がツアーとは関係ない個人客だった。今回は席を替わってくださいと言えなかった。トイレは心配だったが、私は「大丈夫だよ」と恵子を励ますことしか出来なかった。

それが功を奏したのか、約11時間のフライトの間、恵子は2回しかトイレに行かなかった。最初は搭乗3時間後の1回目の食事のあと。次は1回目の食事から3～4時間経った時に通路側の人が席を立ったタイミングに合わせて行った。恵子は十分ガマンできるのだが、「トイレに行けなかったらどうしよう」と神経質になり過ぎているのだろう。

機内での夕食は、恵子がカレー。久しぶりでおいしいと言いながら食べていた。私はクリームパスタを選択した。サラダにはホテル・オークラ・アムステルダムWASABI&YUと表示された小瓶入りのドレッシングが付いていた。

機内では、私が残しておいた約140ユーロで恵子にスワロフスキーのネックレスをプレゼント。恵子が喜んでくれて嬉しい。

6月17日（日）

飛行はとても順調で、機体も揺れず、ドキリとすることも無く、ほぼ定刻通りの午前8時30分に関空に着陸。検疫、入国審査も順調。税関前で待っていた添乗員の原田さんに挨拶して別れた。とうとう旅行も終わってしまった。

ＪＲの窓口へ行き、はるかの指定席をとる。はるか12号京都行きの2号車4番のC席とD席だった。京都で在来線に乗り換え。やはり日曜日は乗客が少なくて助かる。大きなスーツケースを持って満員電車には乗りたくない。最寄り駅からＭＫタクシーを利用。家まで１１５０円だった。

CAFE

6. パリ旅行

２０１３年３月９日（土）

旅行名は「ガールズスタイルで行く！　パリ」であるが、もちろん男性も参加可能だった。そして今回は飛行機とホテルのみを旅行会社に手配してもらって、現地はすべて自由行動という、ほぼ個人旅行に近い旅である。とうとう今まで参加したツアーの経験を活かす時が来た。

朝の８時頃に家を出発。バスで駅に行くつもりだったが、結局、子供が駅まで送ってくれた。８時35分の特急はるかに乗車。関空まで乗り換え無しなので楽だ。10時頃、順調に関空に到着した。

まず日本旅行の受付に行き、飛行機の搭乗案内など簡単な説明を受けた。この後いよいよ、ホテルと往復の飛行機以外は、恵子と二人で決めて行動しなければならない、ほぼ個人旅行と言ってもよい旅に出発。

受付の後、円をユーロに変えた。両替レートは1ユーロ１２８円だった。

出国手続きをした後、免税店へ行き、そこで恵子がディオールの口紅を買った。使い心地が良いらしい。

飛行機はエールフランスＡＦ０２９１便。定刻通りに搭乗手続きを開始した。そうそう、エールフランスのチェックイン手続きをしている時に、座席が通路側かどうか確認した際、エールフランスには二人掛けの席があり、行きはその二人席であることが判明した。同時に帰りも通路側の席が確保されていることも分かった。良かった！　往復とも通路側の席が確保されていることが分かって、恵子の顔が晴れ晴れとしているのが分かった。旅行代理店で申し込んだ時に、トイレの心配があるので夫婦二席のうち一席は絶対に通路側にして欲しいと頼んでおいたが、要望通りになったのだ。こちらの要望をきちんと航空会社に伝えて下さった旅行代理店（日本旅行）の方に感謝！

関空を12時35分に出発。飛行中に急な上下をすることもなく安定した飛行だった。パリに着くまでに二度機内食が出たが、やはり動かないで食べるのは苦しかった。

シャルル・ド・ゴール空港に着いて、いよいよドキドキ、緊張感が一気に増した。今回初めて、添乗員さんの補助を受けることなく、恵子と二人だけでイミグレーションを通過しなければならない。何かあるといけないので、恵子を先に手続きにいかせた（私が先に行ってしまうと、恵子に何かあったときに私が元に戻れず、恵子を助けることが出来ないと考えたため）。心配しながら後ろから見ていると、恵子は何の問題も無くあっさりとイミグレーションを通過した。良かった。次は私の番。入国審査官は何も聞かず、しかも自分のケータイをいじりながら入国のスタンプを押してくれた。そんなのでいいの？　結果、私も恵子と同じようにあっさり通過。全く拍子抜けのフランス入国だった。

荷物受け取りの前にトイレを済ませた。荷物が出てくるまでに結構な時間がかかり心配したが無事に受け取ることが出来た。恵子と二人なので、最悪の事態を考えて、ちょっとしたことでも心配になってしまう。

その後、空港から宿泊するパリ市内のホテルまで送ってくれることになっているドライバーを探した。しかしこいつがとんでもない奴だった。フランスの交通事情はよく分からないので、高速を１５０km以上で飛ばすのは少し大目にみるとしても、混雑したパリ市内でも時速80km以上出す、割り込みをする、無理な追い越しをする、人が立っている側を高速で走りぬけるなど、やりたい放題。これらの運転行動は、いくらパリの交通事情を知らないとは言え、明らかに無謀運転だと思った。

クレームを言うだけのフランス語力がないのと、何かトラブルになって恵子に危害が及ぶといけないので、黙っていたが、内心は、はらわたが煮えくり返っていた。アラブ系の顔立ちをしていたが全く酷い奴だった。これは絶対に、帰国後、旅行代理店にクレームを言わなければいけないと思った（実際そうした）。

そんなひどい男だったが、とりあえずホテルの近くまで送ってくれた。しかし、旅行パンフレットには運転手はホテルのチェックイン手続きもサポートしてくれると書いてあったが、ホテルの方向を指差しただけでプイっと帰ってしまった。旅行早々いやな思いをしてしまった。

ホテルはパリ9区にあり、モンマルトル大通りに面したベスト・ウェスタン・ロンセレイ・オペラ。観光には申し分ない場所に位置していた。このホテルに7泊することになる。

ホテルの受付がMarc（名札を見た）という人だったがあとでこの人に感謝することになった。Marcに案内された部屋が狭いワンベッドの部屋（521号室）。日本人が小さいからと言って夫婦二人で眠れる部屋ではなかった。受付に戻ってMarcにその旨伝えると、明日から変更するので今夜一晩そこで我慢してほしいと言う。

Marcの言葉を信じて、とりあえず一晩我慢することにしたが、明日からは必ず変更してもらいたいという一心で、パリ滞在中の相談にのってくれることになっている「ミキツーリスト」のロンドンオフィスに電話し、部屋の変更希望を伝えた。高い国際電話をかけたくなかったが快適な旅行をするために必死だった。

送迎の運転手といい、ホテルの部屋といい、散々な個人旅行のスタートだ。この先大丈夫だろうかと心配になった。

その後、今回の旅行で使う予定のメトロ・RERの一週間定期券ナヴィゴ・デクーベルトを買いに、最寄りの地下鉄リシュリュー・ドルーオ駅まで歩いて行った。日本にいる時にインターネットでナヴィゴの買い方を調べておいた。それによると買い方が難しいと書いてあり心配していたが、駅の女性係員が親切に全て補助してくれたので何も迷うことなく購入できた。パリで初めて良い出来事があった。一週間ナヴィゴの価格は、7%の付加価値税込みで19・8ユーロ、二人で39・6ユーロだった。

3月10日（日）

朝食は特別美味しいとは思わなかったが、ビュッフェスタイルだったので量的には問題なかった。恵子はホテルのパンが美味しくて毎日食べても飽きなかったと言っていた。さすがパンの国フランス。

朝食を食べた後にフロントに行った。ムッシュー Marc は早口英語のため私には聞きとれなかったが、恵子が「部屋のクリーニングは出来ていないが、３０４号室に荷物を置いてくれ」と言っているというので、了承して３０４号室に荷物を持っていった。部屋は前の宿泊者の汚れものが片付けられていない感じだったので中はよく見ないで、ドアを少し開いてスーツケースを押し込んだ。ちらっと見た感じでは昨夜の部屋より広そうだった。

その後、ホテルを出発して、パリ３大蚤の市の一つで１００年以上の歴史を持つクリニャンクールの蚤の市を目指した。リシュリュー・ドルーオから地下鉄に乗りストラスブール・サン・ドニで4号線に乗り換えて、ポルト・ド・クリニャンクールで下車。

駅からしばらく歩いて蚤の市に到着。時間が早かったせいかほとんどの店が閉まっていた。狭い間口の店がずらっとシャッターを下ろしている感じは、場末の風情で、ここが華の都パリの一画とは思えなかった。

開店していた数少ない店舗を何軒か冷やかした。テーブルクロスの店があり、恵子が5ユーロのテーブル敷きを2枚買った。卒業旅行で来ているという日本人男女4、5人連れの人に道を聞かれた。日本人を見ると何となく安心する。

次にサクレクール寺院に向かった。地下鉄 Anvers 駅で降りて歩いたがずっと上り坂だった。途中でスカーフを売っている店があった。1枚1・5ユーロの激安だったので数枚買った。疲れたのでフィニキュレールに乗って途中の坂道をカットした。

サクレクール寺院では日曜のミサをしていて結構多くの人が参加していた。あらためてフランスはカトリックの国だと思った。サクレクール寺院は 1914 年に完成した比較的新しい寺院であるがパリのランドマークとなっている。寺院が建つモンマルトルの丘はパリの街が一望に見渡せる絶好の眺望ポイントである。

その後は、ガイドブックを片手にモンマルトル界隈を散策した。プチ・トランを横目に見ながらエリック・サティの家、テルトル広場、壁抜け男、ムーラン・ド・ラ・ギャレット、アトリエ洗濯船跡、ゴッホのアパートとモンマルトルの石畳の道を歩いた。

次に広い道に出てモンマルトル墓地へ行った。有名人の墓を探したが私はなかなか見つけられなかった。恵子はこういう時に能力を発揮！　ゾラの墓、デュマの墓、ハイネの墓、ニジンスキーの墓と次々発見。スタンプテーリング風になると俄然と張り切る恵子であった。多くの墓を見て洋風の墓も良いものだと思った。

モンマルトル墓地まで来て、恵子が疲れ切っているのが分かった。頑張ってほしいが、これ以上長く歩くのは無理と判断した。３年前に来たムーランルージュ（今日は昼間なので煌びやかさは全くなし）の前を通って目的のカフェに向かう。

カフェ・デ・ドゥ・ムーラン（映画「アメリ」のロケ地）で昼食。恵子は牛のカルパッチョ、私はタルタルステーキを注文。今まで食べたことがないのに料理名から受けるイメージで注文したので生肉風の料理が運ばれてきてびっくり。ステーキという名前から当然焼いた肉を想像していた（これだから田舎者は……）。

一口味見をして私の口に合わず食べる気がしなくなったが、日本円で１５００円以上する料理であること、料理を残すのはお店の人に失礼ではないかという思いから無理して食べた。

自分の口に合わなかった料理とビール、それにクレームブリュレを加えて二人分で60ユーロ払った（チップ込み）。日本円で約８０００円使ったので、晩御飯は質素にしようと二人で話し合った。

昼食後、と言っても2時を回っていたが、一度ホテルに帰った。ホテルの３０４号室はきれいに片付いており、あらためて部屋を確認すると、昨夜の部屋と比べて段違いに広く、清潔で部屋からの眺望も良かった。この部屋に変更できたのは、Marc の尽力によるのか、ミキツーリストが手を回してくれたためなのか、どちらが功を奏したか分からない。ただ私としては、やはりホテルの直接担当者である Marc の力が大きいと思っている。これで快適なホテルライフがおくれる。メルシー、Marc。

少し休んでから再度出かけるつもりだったが、恵子は疲れている上にビールが少々入ったので寝てしまって起きてこなかった(ベッドも前の晩より気持ち良いしね)。1時間以上待ったが起きてこないので、諦めて少しの間、一人で出かけることにした。まずサン・ラザール駅に行き、駅構内の写真を撮った。サン・ラザール駅はモネの絵で有名だが、駅構内で立って見上げた屋根の外観は絵とおなじだった。

次にレピュブリック広場に行き、広場から少し歩いて運河のある場所まで行った。運河にかかっている橋も渡ってみた。サン・ラザール駅も運河も、恵子にどうしても見せてあげたい場所では無かったので、恵子が寝ている間に一人で行くことにしたものである。また両方とも、ホテル最寄りの地下鉄9号線リシュリュー・ドルーオ駅から数駅のところにあったのでそれほど時間はかからなかった。

散歩の帰りにホテル近くのスターバックスで、エビアン1Lを2本、カフェラテ、チャイ、サンドイッチを買った。約18ユーロだった。水は必需品だ。レシートに持ち帰りという意味のA Emporterと記載されていた。

部屋に帰ると恵子は起きていて、少し出かけたいと言うので、地下鉄ひと駅のギャラリー・ラファイエットまで行ったが、残念ながら閉まっていた。

今日はモンマルトルを中心とするパリの北の地区を散策した。

クリニャンクールの蚤の市

サクレクール
フィニキュレール

カフェ・デ・ドゥ・ムーラン

3月11日(月)

7時半頃朝食。毎朝しっかり食べられるので、昼間に食べそびれても飢えることはない。朝食付きの旅行なのでそういう安心感はある。

今日はパリの中心部を散策する予定にしていた。朝8時半頃ホテル出発。ポンピドゥセンターのあるメトロ・ランビュトー駅に到着。そこからフラン・ブルジョワ通りを歩くつもりだった。フラン・ブルジョワ通りはパリの流行の先端を行く街ということで、恵子が楽しめたら良いと思ったからだ。

しかし、道を間違えていて、気づいた時はシテ島に近付いていていた。90度方向を間違えたことになる。やむを得ず目的地を変更して、コンシェルジュリに向かうことにした。コンシェルジュリ(入場料8・5ユーロ)はもともと王宮として建てられたが、そのうち牢獄として使われるようになった(14世紀頃)。フランス革命の際には、マリー・アントワネットがここに幽閉されていてここから処刑台に向かった。マリー・アントワネットの独房も見学したが、二人の憲兵が常時警護していたらしい。

次に同じシテ島のノートルダム大聖堂に行った。ノートルダム大聖堂は1163年着工なので、今年は創建850年を祝っていて、多くの人で賑わっていた。聖堂内でバラ窓などを鑑賞したあと、850年記念のメダルを売っていたので購入した。

サン・ルイ橋を渡りサン・ルイ島へ。西端の広場で写真を撮っていたら、日本人の家族（現地在住？）が声を掛けてくれて、恵子と一緒の写真を撮ってくれた。

サン・ルイ島中央のサン・ルイ通りを歩いた。立ち寄り先としてベルティヨンというジェラート屋をチェックしておいたのだが店が開いていなかった。ガイドブックには、おいしいので行列必至のアイスクリームと紹介してあったが3月15日まで休みだった。さすがにパリジャン・パリジェンヌも冬はアイスの消費量が減るのだろう。

恵子はがっかりしていたが、何とか気を取り直して歩き続けた。途中、PYLONESという店で、恵子がスプーンと櫛を買った。カラフルな色使いの可愛らしい商品で恵子の機嫌が少し良くなった。

さらに歩き続けて、17世紀に建築されたというローザン館、ランベール館に辿り着いたが、外観のみで入館出来ず。少しがっかりした。なおランベール館は哲学者ボルテールが暮らした邸宅ということだ。

サン・ルイ島の東端、バリー公園の突端部で写真を撮り良い記念になった。

少し疲れてきたのでどこかで休みたいと思い、サン・ルイ通りを引き返したが、入りたいと思えるような店がなかった。仕方なく休まずにマリー橋を渡ってサンス館を目指す。残念ながら月曜休館ということで、ここも入れず外観のみ鑑賞。今日は、この後も、月曜休館にたたられた。なおサンス館というのは、もともとはサンス大司教の公館として16世紀初頭に建設されたものだが、現在は図書館として開館している。パリの図書館はどんなものか興味があったので入って見たかった。残念だった。

途中、フィリップ・オーギュストがパリを囲んだ城壁（12世紀）の跡があり、それには触れてみて歴史の重みを確かめた。

恵子の状態がいよいよ悪くなってきたので、バスティーユ広場近くのcafé le moderneに入った。日本で言うブラックコーヒーをイメージしてカフェ・ノワールを注文した。そうしたら出てきたのはエスプレッソだった。大き目のカップにたっぷり入った熱々のブラックコーヒーを想像していたのでガッカリだった。

カフェでトイレを済ませ歩き疲れた足を休ませたことで、恵子は少し元気を回復したが、やはりあまり芳しくない様子だった。

次に行ったヴォージュ広場はこぢんまりした気持ちの良い公園だった。周囲の建物とも良く調和していた。この広場はパリ最古にしてパリで最も美しい広場と称されているらしい。近くのヴィクトル・ユゴー記念館（ヴィクトル・ユゴーが一時期暮らした邸宅で、有名なレ・ミゼラブルはここで執筆された）は月曜休館、次に行ったカルナヴァレ館（16世紀の貴族の館）も月曜休館だった。

次のスービーズ館はやっていた。入場料2ユーロだったが、思いがけず見応えのある建物だった。館としても立派だったし、ナポレオンやマリー・アントワネット直筆の書状も展示してあった（ただし、解説のフランス語がわからなかったので、本物か精巧に出来た複製かは分からなかった）。

朝、ポンピドゥセンターの方から歩こうとしたフラン・ブルジョワ通りを、逆のヴォージュ広場の方から歩いていることになるが、流行の最先端という感じはしなかった。そのポンピドゥセンターに向かう途中の果物屋さんで恵子がイチゴを買いホテルに帰ってから食べた。粒は堅かったがおいしかった。日本のイチゴには無い食感（堅さ）だった。

ホテルで寛いでいるうちに、またまた恵子が寝てしまった。歩きすぎで相当疲れているのだと思う。ただ午後3時を回ったところなので、これで1日の観光を終わりにしてしまうのはもったいないと思って、今日も一人で出かけることにした。そろそろ出掛けようと思った時に恵子が起きてきた。恵子が一緒に行くというので少し無理しているような気がしたが二人で出掛けた。

まずサンジェルマンデプレ地区にある奇跡のメダル聖堂に行き、記念のメダルを購入。このメダルは幸運を呼ぶ奇跡のメダルと言われている。夕方にも関わらず多くの人がメダルを買っていた。

すぐ近くの世界最古の百貨店と言われるル・ボン・マルシェに入った。しかし一歩足を踏み入れただけで何も買わずに出た。ボン・マルシェという名前だけど安いものは置いていない感じだった。


次に、パリ最古の教会、サンジェルマンデプレ教会に行った。夕方だったせいもあると思うが、人がほとんど居なくて厳かな雰囲気だった。

教会近くのモノプリで水とビールをゲット。モノプリに入るのが恵子の希望の一つだったので良かったが、疲れすぎて喜びは半分以下だっただろう。


ホテルの近くに帰ってきたが夕飯を何とかしなければならなかった。地元の店で食べたいという恵子の希望があったので、迷った挙げ句、ホテルのすぐ近くの「パスタパパ」というパスタ屋に入った。これが思いの他、恵子に好評。良かった！

明日からは美術館巡りが中心になるが出来るだけ恵子の希望をかなえるようにしようと思った。

スービーズ館

ノートルダム大聖堂　850 年

サン・ルイ島（撮影してもらう）

3月12日（火）

朝から下痢。かなり調子が悪い。今日の観光は大丈夫だろうか。雪も降っているし、今日は室内でトイレのある場所を中心に観光しなければならないだろう。

まずオルセー美術館に向かった。メトロでリシュリュー・ドルーオからサン・ミッシェルへ。そこで初めて使うＲＥＲ（Ｃ線）への乗り換え。ＲＥＲへの乗り換えが分からなったので、ホームにいた人に聞いたが、一人目は分からず（私のフランス語が通じなかったのだと思う）、二人目が反対のホームだと教えてくれた。サン・ミッシェルからミュゼ・ドルセーまでたった一駅だが、ドキドキものだった。

ＲＥＲを降りて地上に出たら、美術館入口のすぐ近くに出た。雪が降っているというのにかなりの人が並んで待っていた。９時半すぎに入場開始。荷物チェックとボディチェックのため少し時間がかかっただけで、それほど問題なく入場。

イヤホンガイドを借りたら、代わりに私のパスポートを召し上げられてしまった。外国で初めてパスポートを人に預けるので不安になった。なおオルセー美術館は撮影禁止だった。

最初は元気だったので、ゆっくり絵を見ていたが、そのうち足が痛くなった。０階を半分見終わったところでトイレに行った。まだかなりの軟便だった。治るだろうか？

クールベの「世界の起源」という絵を見て、恵子と目を合わせた。刺激的な絵だった。上の階に上がりゴッホやゴーギャンなどの後期印象派の絵を見た。一番上の階は印象派のコーナーで、私が一番見たかったところだ。教科書に載っているような絵のオンパレードだった。ただ館内が広すぎて、ここに来るまでに足が痛くなり、じっくり絵を見ることなく絵の前を通過しているような感じになってしまった。館内の展示物や構造について事前に知識を入れてきて、一番上の階から鑑賞を始めるべきだった。

印象派を見終わってから美術館内のレストランで食事にした。内装、インテリアが宮殿の中に居るような雰囲気の素敵なレストランだった。16ユーロの定食に、食前酒（私がビールで恵子がワイン）、食後のコーヒーを加えて、二人で合計50・4ユーロだった。定食のメインはサケのソテーとチキンの焼いたもの、米（麦も？）と豆などを合わせていためたものだった。久しぶりの食事らしい食事で恵子が喜んでいたので私もうれしかった。

ミュージアムショップで絵ハガキ、オルセーのガイドブックなどを購入。受付でイヤホンガイドを返却してパスポートをちゃんと返してもらったが、いくら盗難防止とは言えイヤホンガイドとパスポートの等価交換は釈然としなかった。オルセー美術館ではとにかく疲れた。

再びRERのC線に乗り、シャンドマルストゥールエッフェル駅へ。駅から出たら、雪でかすんだエッフェル塔が見えた。くっきりと見えなくて残念だったが、雪でかすんだエッフェル塔もなかなか珍しい景色なのではないか、今日はそれが見られて良かったのだ、と妙な形で自分を納得させた。

今日はもともとエッフェル塔に登る予定はなく、白鳥の小径を歩く予定だった。ビラケム橋から白鳥の小径に降りて、自由の女神像があるところまで歩き切った。雪の降る中、そして一面銀世界の中、白鳥の小径の散歩は心地良かった。雪の日とあって小径では犬の散歩をさせている人を一人見かけただけで、他には誰にも出会わなくて、まるで恵子と私でパリを独り占めにしているような感じだった。美術館のように絵を見るために立ち止まりながら歩くと足が痛くなるが、自分のペースで歩けるのは足に優しかった。約１㎞の道のりだったが、雪の中、神秘的かつロマンチックで二人の世界に浸ることが出来た。自由の女神像あたりからグルネル橋に上がり、メトロ10号線シャルルミッシェル駅まで歩き、メトロを乗り継いでホテルに帰った。

今日も相当歩いたので恵子は再びダウン。歩き疲れているのでやむを得なかった。恵子が休んでいる間、私はホテル周辺を少し散歩することにした。

ホテルからオペラ座の前まで歩き、オペラ通りをルーブル方向へ曲がった。パレ・ロワイヤルへ行こうと思ったが、道を間違えたらしくパレ・ロワイヤルを見つけられなかった。モリエールの噴水を写真に撮っているので、パレ・ロワイヤルのすぐ近くには来ていたはずだ。しかし一旦方向感覚を失うと駄目だった。お腹の調子が悪くなければ、もう少し探し続けても良かったが、お腹が心配だったのでやめた。

結局、道に迷っている途中で見つけたカトル・セプタンブルからメトロに乗り一度ホテルに帰った。メトロに乗った理由は、メトロに乗り慣れてきていたので、乗ったあとは路線図を頼りにリシュリュー・ドルーオ駅さえ目指せばホテルに辿り着ける自信があったからだ。

少し元気を取り戻した恵子とホテルの周辺を散歩。ホテルの入口が面しているパッサージュ・ジュフロワを歩き、カフェや美容院などがあることを確認。向かいのパッサージュ・デ・パノラマも歩いた。こちらはジュフロワに比べて暗くてあやしい雰囲気だった。切手を売っている店がたくさんあった。食べる店もそれなりにあって、通路にはみ出した椅子席に座って一人でぶつぶつ喋っているおばさんもいた。

パッサージュというのは、19世紀に建設されたガラス屋根のアーケード街で、パッサージュ・デ・パノラマは１８００年、パッサージュ・ジュフロワは１８４７年完成らしい。建設後１００年以上経ったレトロなパッサージュ巡りもパリ観光の一つである。

今日はオルセー美術館見学と、ツアーでは訪れることがないと思われる白鳥の小径の散歩をした。雪のエッフェル塔も綺麗だった。

この日西ヨーロッパは数十年に一度の記録的な大雪で、空の便は全面欠航したらしい。パリで貴重な経験をすることが出来た。

オルセー美術館

オルセー美術館　レストラン

白鳥の小径　雪

3月13日(水)

今日はパリの王道観光を楽しむことにした。すなわち、エッフェル塔、凱旋門、ルーブル美術館の観光だ。

まずはホテルの朝食で腹ごしらえ。朝食の後、ホテルの廊下の窓から見えるサクレクール寺院が朝日を浴びて綺麗だった。

始めに目指したのはエッフェル塔。地下鉄・RERを乗り継いでシャン・ド・マルス・トゥールエッフェル駅へ。エッフェル塔に着いたら、昨日の雪のため今日は一日営業しないという。いきなり出鼻をくじかれた。気を取り直して、かわりにセーヌ川クルーズに挑戦することにした。

その前にトイレと言うことで、町中のあちこちで見かけていた公衆トイレに初挑戦。恵子が先に入ったが使用方法がわからず苦戦。しかし落ち着いて確認しながら操作したら意外にも簡単だった。恵子の後、私が使う時には何も迷わなかった。次からは大丈夫だ。

セーヌ川クルーズはイエナ橋近くのバトー・パリジャンにした。一人13ユーロ。10時出発で約1時間、セーヌ川から見える景色を楽しんだ。アレクサンドル3世橋、ルーブル美術館、ポン・デザール、ノートルダム大聖堂を左に見ながらシテ島を通過、その後サン・ルイ島を通り過ぎて少し行ったところで反転した。シュリー橋、コンシェルジュリ、ポン・ヌフ、昨日入館したオルセー美術館を見ながら終点のイエナ橋へ。船を降りた後、バトー・パリジャン側が撮影していた記念写真を12ユーロで購入した。この記念写真を売りつけるやり方は日本の観光地でもあるが、全世界共通なのだろう。

次にビラケムから地下鉄6号線に乗り凱旋門を目指す。雪の影響のためと思うが、駅で停まるたびに数分間停車した。ビラケムから凱旋門まで5駅しかないのに随分長い時間地下鉄に乗っていた。

やっと凱旋門に着いて、上に登ろうとしたら、こちらも雪でフェルメ（休業）。凱旋門のようなガッチリした構造体が雪で閉鎖は無いだろうと思ったがやむを得ない。そのままシャンゼリゼ通りを行き、ルイ・ヴィトン本店を少しだけ冷やかしてから、ジョルジュサンク駅から地下鉄に乗った。

パレ・ロワイヤル・ミュゼ・デュ・ルーブルで下車。ほとんど待たずにルーブル美術館に入館。昼食時だったので、フードコートで食事（ルーブル美術館から一旦出る）。MIRA（AUTOGRILL RESTAURATION CARROUSEL）という店で、恵子も私も15・9ユーロの定食を注文した。内容は主菜がチキンのパエリア、副菜として自由に選べるタパスが3個、飲み物としてコーラ飲料が付いていた。腹ごしらえした後、いざルーブルへ。

オルセーよりルーブルの方が、館内がゆったりしていて足の疲れも少なかった。とはいえ最初ゆっくり見ていたせいか、だんだん足にきて、途中からは早足になった。

ルーブルは写真撮影OKだった。美術の教科書に載っているような多くの絵や彫刻を見た。写真を撮った主な作品だけでも、浴槽のガブリエル・デストレとその妹、ダイヤのエースを持ついかさま師、大工聖ヨセフ、トルコの浴場、サモトラケのニケ、モナ・リザ、春（アルチンボルド）、メドゥーサ号の筏、グランド・オダリクス、カナの婚礼、ナポレオン1世の戴冠式、ミロのヴィーナス、囚われの身・瀕死の奴隷などがある。全部撮影していたらSDカードが足りなくなると思い、途中から撮影をセーブしたぐらいだ。鑑賞の途中、疲れたので2階のカフェでお茶（Café cream）にした。

その後、ピラミッド近くの売店で絵ハガキ（美術館で現物を見たヤン・ファン・アイク作の宰相ロランの聖母）を購入し、そのとなりの郵便局で自分宛にハガキを出した。ハガキには「今日はセーヌ川遊覧とルーブル美術館見学をした。エッフェル塔は雪で閉鎖されていた」と書いた。

地下鉄に乗りホテルを目指す。今日の恵子はとても頑張った。ホテルに入る前に、近くのマルシェ・フランプリで晩ごはんのサンドイッチなどを購入した。

部屋で食事をしてお風呂に入ったらバタンキューだった。寝る前にテレビを付けていたら、バチカンで法王がバルコニーに出て、広場に集まった大群衆に応えている場面が生中継されていた。新ローマ法王が選出されたようだ（コンクラーヴェ）。

今日は結局、セーヌ川クルーズとルーブル美術館観光だった。２日連続で美術館巡りをしたのは連続した２日間有効のパリ・ミュージアムパスを持っていたからだ。

セーヌ川クルーズ

新ローマ法王

ルーブル美術館

3月14日（木）

今日は最悪の一日だった。何と恵子の財布が盗まれたのだ（盗まれた時に財布の入ったカバンを持っていたのは私であるが……）。

盗まれた場所は、エッフェル塔のエレベーターの中、時間はだいたい午後3時頃で確定だ。そう確信を持って言える理由は次の通り。

A．エッフェル塔の入場料は恵子が自分の財布から出した。すなわち、その時点で財布はあった。入場券を購入したのは14時45分頃（入場券購入待ちの時に撮影した写真のデータより）。

B．次に財布を使おうとしたのが17時半頃で、ルーブル美術館の売店であった（またルーブルに来た）。ここで財布がないのに気づいた。

C．エッフェル塔を出てルーブル美術館に着いたのが16時頃で、地下のフードコートで約1時間遅めの昼食をとっていたが、メトロやフードコート、美術館で我々に接触しそうになった人物はいない（フードコートでお金を払ったのは私であった）。

D．さらに決定的なのが、エッフェル塔でエレベーターを待っている時、恵子が「肩が痛い」というので、恵子の鞄を私が預かって肩にかけていた。そのままエレベーターに乗り込み、エレベーターを降りてから恵子に鞄を返した時、恵子が鞄のチャックが半分開いているのに気づいていた。その時は財布を掏られているという意識がなかったので「チャックが開いていて物騒だな」と思ったらしいが、それ以上は気にかけず私に話さなかったようだ。

E. 確かに私は、エレベーターの中で外の景色を写真に撮るのに夢中で注意が散漫になっていた。

以上の状況を総合すると、「3時頃、エッフェル塔のエレベーターの中で、恵子から鞄を預かっていた私が写真を撮るのに夢中になっている隙に財布を掏られた」と結論付けざるを得ない。

財布の中には、現金約270ユーロ（約34，000円）と恵子のクレジットカード、それに日本でしか使えないポイントカードの類が入っていた。現金はあきらめるにしてもクレジットカード（イオンカード、JCB）は直ちに使用止めにしないといけない。ルーブル美術館の中で青くなりながら方策を考える。

旅行のガイドブックにパリにJCBの支店があると書いてあったので電話をしたが、なかなか通じなかった（電話のかけ方が悪かったのかもしれないが……）。やっと通じて話が出来たが、イオンカードなのでイオンカードの方に連絡するようにと言う。正論ではあるが何の助けにもならなかった。

埒が明かないので、旅先の緊急連絡は「ミキツーリスト（ロンドンオフィス）」へ、ということを思い出して連絡を取った。カードについては参考になるアドバイスが無かったが、とりあえず警察に届け出した方が良いということだった。

「ミキツーリスト」とJCBのアドバイスを総合して、カードの不正使用が気になるものの、カード会社には日本時間の明日3月15日の9時（こちらの午前1時）に電話することにして、とりあえずパリ警察に届け出ることにした。


とは言え、最寄りの警察署はどこか分からない。言葉も不自由ということで、この際ホテルのフロントで何かアドバイスを貰った方がいいと考え、ルーブル美術館から急いでホテルに帰った。

ホテルのフロントで話したら直ぐに警察に行くようにということで最寄りの警察署を教えてくれた。場所は分かりにくかったが何とかたどり着いて呼び鈴を押したが反応なし。呼び鈴近くの表示を見たら、何と18時半でクローズ（出先の警察署?）。そして現在時刻は18時40分だった。あきらめて他を探そうと思った時、扉の向こうから人の声が聞こえてきた。

私は「中に警察署がありますか?」という気持ちで「ポリス?」と聞いたら、「ウイ」という答え。

何と彼は警察官だった（警察手帳を見せてくれた）。仕事を終えて帰宅するところだったようだ。片言で事情を説明すると近くの警察署まで連れて行ってくれることになった。最初は地図で説明する感じだったが、私たちが言葉と地理に不自由があると見て、「Come with me.」と言ってくれた。若くてハンサムで親切な警察官に感謝！ 最後は握手をして別れた。

連れて行ってもらった警察署も親切な警察官ばかりだった（と私には思えた）。地獄に仏とはこのことだろうか。調書は、恵子のカタコトの英語を聞き取って作成してもらえた（盗まれた時に鞄を持っていたのは私だが、財布は恵子のものなので恵子が調書作成に対応した）。最後に、「調書は何かあった時の証明になるよ」と言ってくれた。ただ、財布を捜すとか、現金が出てきた場合はというたぐいの話は一切無かったので、財布と現金はあきらめるしかないと思った。

警察への届け出が終わった後、夕飯はレストランに入る元気が無く、サブウェイにしてお店で食べた。サンドイッチ2個と缶ビール2本で11・3ユーロだった。サブウェイの店員のお兄さんが親切だった。

その後、マルシェ・フランプリでお土産のチョコレート、ホテルで飲むビールを買った。1個約6ユーロのチョコレートを3個買ったので、全部で20・37ユーロを支払った。マルシェ・フランプリの店員のお兄さんも親切だった。盗難にあった後だけに、人のちょっとした親切でも身に沁みた。

本当にスリが許せない。スリはお金だけでなく、人の気持ちも盗んでいくということをあらためて感じた。

財布を盗まれたことばかり書いたが、盗まれたことに気づくまでの今日の観光について書いておこう。

いつも通りに朝出発し、バスティーユ広場へ。バスティーユ広場は、1789年7月14日にここにあった牢獄を市民が襲撃したことによりフランス革命が始まったという歴史のある場所だ。広場の近くで朝市をやっていた。屋台を冷やかしながら、いくつか小間物を買った。恵子はこういうちょっとした買物が好きだ。

次にカルチェラタンに向かった。オーストリッツ駅でメトロ10号線に乗り換えてクルニュー・ラ・ソルボンヌで降りた。地上に出たところに、例の公衆トイレがあったので、今回は自信を持って使用した。

中世美術館の壁を見ながら、ソルボンヌの前を通ってパンテオンへ行った。中世美術館は見学するかどうか迷って中庭まで入ったのだが結局見学しなかった（その後ここから日本に来た一角獣のタピスリーを恵子と二人で大阪国際美術館まで見に行った）

パンテオンは当初は教会として建てられたが現在ではフランス史に名を残す偉人たちの霊廟となっている。入場料は7・5ユーロだった。パンテオンは地上の建物も素晴らしいが、やはりクリプト(地下墓地)が最大の見どころだ。キュリーとかユーゴーとか、フランスの偉人のお墓が並んでいる。不謹慎ではあると思いつつ墓碑の写真を撮らせてもらった。

次にモンパルナス地区に行った。リュクサンブールからRERのB線に乗り、ダンフェール・ロシュローで下車。駅近くにカタコンブがあるので行くことにしていた。カタコンブとは地下墓所のことで、隙間なく無数の人骨が積み上げられているという場所だ。パンテオンのクリプトに続いて、墓所巡りみたいになってしまったが怖いもの見たさという感じである。カタコンブは人気の場所であるらしく、かなりの行列が出来ていた。いずれ行列は捌けるだろうと思って行列に並んだが、全く前に進まなかった。先を急ぐので途中で諦めた。

モンパルナス墓地まで歩き、サルトルとボーボワールのお墓などを見た。この辺りはモンパルナスタワーがランドマークになっているので道に迷うことはなかった。メトロ駅ヴァヴァンの近くまで歩き、ル・ドームでお茶にした。ヴァヴァンには老舗の有名なカフェが4軒集まっている。ル・ドームはその一つでピカソなど芸術家たちの溜まり場となっていたカフェである。

次に盗難に会ったエッフェル塔に向かった。塔に登る券を購入するため列に並んだが、恵子は虫の知らせがあったのか、待ち時間が長いので登るのをやめようと提案したかったらしい。しかし塔に登りたがっている私の気持ちを考えて言い出さなかったようだ。

エレベーターの中で財布を掏られたことには気付かず、塔の2階に上ったが、風が強く寒すぎて早々に降りた。結果論で言うと、長い時間並んで何のために登ったのだろうと思いたくなる。

次にルーブル美術館に行き、そこで財布が無いのに気づいてからの出来事は既に書いた。3月15日の午前1時まで起きていて、日本のイオンカードに電話をしてカードを使用止めにしてもらった。これで一安心だ。

パンテオン

バスティーユ広場　朝市

エッフェル塔エレベーター（盗難）

3月15日（金）

明日の帰国時、シャルル・ド・ゴール空港までの移動方法をどうするか、帰国前日の今日になっても決めかねていた。ガイドブックによると移動手段は3つあった。ロワッシーバスを使う方法、鉄道RERのB線を利用する方法、それとタクシーを利用する方法である。

旅慣れた人にとっては、悩むのも馬鹿らしいことかも知れない。しかしヨーロッパ個人旅行が初めての我々にとってはいろいろと心配がある。バスは渋滞に巻き込まれて時間通りに着かないかもしれない、タクシーは悪い運転手に当たってぼったくられたらどうしよう、郊外に行くRER線は治安が悪いと書いてある等々。

それぞれ不安要因がある中で、時間通りに到着できるRER線を利用する可能性が高かったので、北駅まで下見に行った。電車の乗り場と切符の買い方は把握出来たのだが、北駅の人の多さ、混雑振りが心配だった。重いスーツケースを持って、この人混みの中を移動できるだろうか。今日はウイークデーのため通勤客が多かったが、帰国日は土曜日なので人が少なくなる可能性はある。迷うところだ。おそらく直前まで迷っているだろう。

次にマカロンを貰いにシャンゼリゼ通りのラ・デュレに行った。「貰う」というのは、今回の旅行の特典としてマカロンプレゼントが含まれていたからだ。ついでに書いておくと、2日間有効のパリ・ミュージアムパスも旅行特典で付いていたものだ。

恵子がラ・デュレでお茶にしたいというので、マカロンとコーヒーで一服した。昨日のショックな事件のことがあるので、とにかく今日は恵子の気持ちを盛り立ててやらなければならない。あとで恵子が感想を言っていたが、ラ・デュレの方がフーケッツより良かったらしい。確かに内装などは女性好みのものだった。

次に恵子の希望でノートルダム大聖堂に行った。４日前にノートルダムに来た時、恵子の気に入った土産物があり、今日は同じものを追加で2個買った。

シテ駅からメトロに乗り、一旦ホテルに帰った。パッサージュ・ジュフロワにあるスイーツ・キッシュの店で軽く昼食にした。

次はギャラリー・ラファイエットでのショッピングだ。メトロに乗ろうとしたらナヴィゴが反応しない。係員のいる窓口に行き、ナヴィゴが使えない旨を訴えたら、有効期限内であることを確認した後、チケットを出してくれた。いろいろハプニングがある。

ギャラリー・ラファイエットでは恵子の買い物が中心。昨日財布を盗まれたので、新しい財布を買うことにした。２７５ユーロのバーバリーの財布を購入。バーバリーの男性店員さんにエッフェル塔で財布を盗まれた話をしたら、彼は「ボークー・ド・ピックポケット」と言った。つまり、エッフェル塔にはスリが多いという意味だ。恵子には新しい財布で今までの厄を落としてほしい。デパート内で免税手続き書類を書いてもらったが、係の人が日本人で楽だった。それにしてもギャラリー・ラファイエットは建物が見事だった。

ショッピング後、再びホテルに帰った。ホテルが便利なところにあるので、パリ市内のどこへ行っていても休憩所がわりに戻ってくることが出来た。

その後パッサージュ・ジュフロワで子供のお土産を買った。オシャレなハサミにした。その足でマルシェ・フランプリに向かい、水や食べ物等を購入。全部で18・91ユーロだった。3日連続同じマルシェ・フランプリに行ったので、店員のお兄さんが私たちを覚えていてくれて、会った時に、にこやかに挨拶してくれた。

お土産をホテルに置きに戻り、再び夕食のため出かけた。慣れた所が良いということで、2度目になるがホテル近くの「パスタパパ」で食べた。パリ最後の夜に、安心してリラックスして食事が出来てよかった。全部で40ユーロ、チップ3ユーロだった。パスタパパは結構お客さんが入っていた。

ホテルに帰り、明日の帰国の準備。いろんなことがあったが、最後はやはり名残惜しい。

北駅

ラ・デュレ

パスタパパ

3月16日（土）

帰国の日。今日はクリアすべき関門がいくつかある。何しろ添乗員さんがいないので、一人で全ての作業をする必要がある。その関門とは次の通り。

A. シャルル・ド・ゴール空港ターミナル2Eまで行くこと。
B. 免税の手続きをすること。
C. 飛行機の搭乗手続きをすること
D. パスポートコントロールを通過すること

旅慣れた人には何でもないことと思うが、初めての海外個人旅行なのでドキドキする。これまでの団体旅行で培ってきた知識を総動員する必要がある。

何時も通りに食事をとった後、8時30分過ぎにホテルを出発。感謝の念を込めて、フロントの人に、メルシー・ボークー、オ・ルヴォワール。

飛行機の離陸予定が13時35分で、搭乗開始が12時30分だったので、約4時間も前にホテルを出たことになる。しかし、何かでまごついて飛行機に乗れなくなるより早めに行動した方が良いと思った。

A. シャルル・ド・ゴール空港ターミナル2Eまで行くこと。

とりあえずメトロ・RERを乗り継いで空港へ行くつもりでホテルを出発。メトロは階段があるので、階段では恵子のスーツケースも私が持つつもりでいた。階段の長さは大したことはないと思っていたからだ。

パリ滞在中一日に何回も利用した、いつものリシュリュー・ドルーオ駅の階段を下りるため、スーツケース2個を持って、即、このルートを断念した。スーツケースのあまりの重さと階段が意外と長いことに気付いたからだ。おそらく自分の体だけの時は身軽なため、階段の長さが気にならなかったのだろう。しかしスーツケースを持つと階段が長い!!

こういうことも想定してメトロ駅の近くにタクシー乗り場があることを調べておいたのでそちらに向かった。乗り場には待機中のタクシーは1台も無かったが、ほどなく通りの向こうからタクシーがやってきた。窓にG7 green cabと書いてあった。一見すると人の良さそうな運転手さんだったので安心する。空港までは40・2ユーロだった。50ユーロ札で支払って、おつりの中から5ユーロをチップで渡した。運転手さんはうれしそうだった。タクシーが到着したのはもちろんターミナル2。これで関門を一つクリアした。

B．免税の手続きをすること。

ターミナル2Eに関して言えば、それほど広いとは感じなかったのだが、免税手続きの場所を探すのは大変だった。何とかTAX Freeを探しあてると、近くにいたおねえさんが「TAX Free?」と聞いてきたので、「Yes」と答えると、場所を指し示してくれた。列に並び「受付で色々質問されると答えられないなー」と思いながら順番を待った。私の順番になって「タックスフリー　シルヴープレ」と言ったら何も聞かないでバーコードを読み取ってくれた。商品を見せなければいけないと思いスーツケースを開けた時に、子供へのお土産（鳥型のハサミ）を落としたようだ。お土産が無いのは帰宅後に気付いたのだが、ホテルを出た後でスーツケースを開けたのは免税手続きの時だけだからだ。それはともかくこれで2つ目の関門をクリア。

C．飛行機の搭乗手続きをすること

エールフランスのチェックインカウンターを探すのも一苦労した。何とか探して手続き開始。特にこちらが困るような質問は無かった。恵子が自分の席が通路側になっているかどうか聞いてほしいというので、逆にこちらからひと言質問をした。通路側だった。この時点で出発まで約3時間も残っていた。あとはパスポートコントロールのみなので心に余裕が出てきた。三つ目クリア。

D. パスポートコントロールを通過すること

搭乗口の方に向かい最後の関門を目指す。最初がパスポートコントロールで次が手荷物検査。パスポートコントロールについては、フランス入国の時と同じで質問は全く無く、顔をちらっと見ただけでスタンプを押してくれた。自分の国から出て行ってくれる訳だからそれほど気を使わないのかもしれない。

手荷物検査では、恵子は何事もなく通過したが、私は探知機に引っ掛かってしまった。金属系のものは何も身に着けていないのにおかしい。探知機のセンサーが壊れているのではないだろうか。靴を脱ぐなどの作業をして二度目に無事通過。通過後も身体チェックをされた。でもこれで出国までの作業を全て終了。やった！

搭乗券に記載されていた「K43」ゲートへ行く。日本人は誰もいなかったが、まだ時間が早いからだろうと思い、ショッピングをしたり、コーヒーを飲んだりして時間を潰した。買物が終わった後「K43」ゲートに戻り再び搭乗を待つ。しかし日本人は誰も来ない。心配になって案内板を見ると「transferred gate 51」とあった。念のため空港職員に確認すると、やはりゲートが51に移ったということだった。

K51に行くと日本人も多数おり安心。ゲートの変更がしょっちゅうあるというのは本当だった。添乗員のいるツアーだと任せておけばよいが、こんな簡単なことでも、個人旅行では一人で対応しなければならない。旅行の醍醐味ではあるのだろうが、常に神経を使っている必要がある。
ほぼ定刻の時間にエールフランスＡＦ０２９２便は搭乗開始。若干遅れて離陸。とうとう完全にフランス、パリを離れた
飛行機に乗って1時間ぐらいで夕食。飲み物はワインLa Vieille Fermeにした。

3月17日(日)

関空に着く1時間半前くらいに軽食がでた。

心が高ぶっていたためか飛行機の中ではほとんど眠れなかった。映画「007スカイフォール」を全編視聴し時間を潰した。日本時間8時40分に関空に着陸。

特急はるか12号、9時46分発に乗車。最寄り駅には11時過ぎに到着。MKタクシーで帰宅。料金は1340円だった。支払いは1400円。

結局、進添乗員が考えた今回のパリ旅行の日程は次の通りだった。

1日目（3月9日）
関空→パリ。ナヴィゴを購入。
2日目（3月10日）
パリの北の地区を観光
（クリニャンクールの蚤の市、モンマルトル地区、モンマルトル墓地等）
3日目（3月11日）
パリ中心部、主に右岸散策（シテ島、サンルイ島、マレ、バスチーユ等）
4日目（3月12日）
オルセー美術館、白鳥の小径等
5日目（3月13日）
パリ王道観光（セーヌ川クルーズ、ルーブル美術館等）
※当初はセーヌ川クルーズではなく、エッフェル塔・凱旋門を予定。
6日目（3月14日）
パリ中心部、主に左岸地区（カルチェラタン、モンパルナス等）、それとエッフェル塔
7日目（3月15日）

買物とこれまでに行けなかった場所やもう一度行きたい場所に行く（予備日）

8日目（3月16日）

パリ↓関空（機内泊）

9日目（3月17日）

関空着。

お客様（恵子）、長旅大変お疲れ様でした。

旅行日程　一覧

イギリス旅行

旅行名　：～大学の街ケンブリッジと美しき湖水地方を訪ねて～　英国物語8
旅行会社：ＪＴＢ
日　程：２００８年
５月28日（水）　関空↓香港（機中泊）
５月29日（木）　香港↓ロンドン↓ケンブリッジ観光（ヨーク泊）
５月30日（金）　ヨークミンスター観光↓湖水地方観光（湖上遊覧）（カーライル泊）
５月31日（土）　チェスター観光↓ストーク・オン・トレント観光（ストラットフォード・アポン・エイボン泊）
６月１日（日）　ストラットフォード・アポン・エイボン観光↓コッツウォルズ観光（ロンドン泊）
６月２日（月）　ロンドン自由行動（ロンドン泊）
６月３日（火）　ロンドン↓香港（機中泊）
６月４日（水）　香港↓関空14：45頃着

イタリア旅行

旅行名　：イタリア満喫8　〜トスカーナの古都とイタリア人気の4都市めぐり〜
旅行会社：JTB
日　程：2009年
3月18日（水）関空↓ヘルシンキ↓ミラノ（ミラノ泊）
3月19日（木）ミラノ市内観光↓ベローナ観光（メストレ泊）
3月20日（金）ベネチア観光（ゴンドラ遊覧含む）（プラート泊）
3月21日（土）ピサ観光↓フィレンツェ市内観光（プラート泊）
3月22日（日）トスカーナの古都めぐり　サン・ジミニャーノ、シエナ（ローマ泊）
3月23日（月）バチカン美術館、システィーナ礼拝堂、ローマ市内観光↓その後、自由行動（ローマ泊）
3月24日（火）ローマ↓ヘルシンキ↓関空（機中泊）
3月25日（水）9：45頃、関空着

フランス旅行

旅行名　：パリからはじまる小さな旅8
旅行会社：ＪＴＢ
日　程：２０１０年
10月23日(土)　関空↓パリ(パリ泊)
10月24日(日)　フォンテーヌブローとバルビゾン村観光↓セーヌ河岸シテ島観光(パリ泊)
10月25日(月)　シャルトル大聖堂↓モンサンミッシェル(モンサンミッシェル泊)
10月26日(火)　モンサンミッシェル観光↓ベルサイユ(ベルサイユ泊)
10月27日(水)　ベルサイユ宮殿とプチ・トリアノン観光↓パリ車窓観光(パリ泊)
10月28日(木)　パリ終日自由行動(パリ泊)
10月29日(金)　パリ↓関空(機中泊)
10月30日(土)　8：25頃、関空着

北スペインとポルトガル旅行

旅行名　：北スペイン〝星の道〟とポルトガル　8日間
旅行会社：JTB（旅物語）
日　程：2011年
10月11日（火）　関空→フランクフルト→ミュンヘン→マドリッド（マドリッド泊）
10月12日（水）　セゴビア観光→サラマンカ観光（レオン泊）
10月13日（木）　レオン観光→サンチアゴ巡礼の道→ルーゴ観光→歓喜の丘（サンチアゴ泊）
10月14日（金）　サンチアゴ・デ・コンポステーラ観光→ポルト（ポルト泊）
10月15日（土）　ポルト観光→ナザレ観光→オビドス観光（リスボン泊）
10月16日（日）　リスボン市内観光→午後自由行動（リスボン泊）
10月17日（月）　リスボン→フランクフルト→関空（機中泊）
10月18日（火）　8：00頃、関空着

ドイツロマンチック街道とオーストリア旅行

旅行名　：ドイツロマンチック街道と煌めきのオーストリア　8日間
旅行会社：阪急交通社
日　程：2012年
6月10日（日）　関空↓アムステルダム↓フランクフルト↓ケルン（ケルン泊）
6月11日（月）　ケルン観光↓リューデスハイム↓ローテンブルク（ローテンブルク泊）
6月12日（火）　ローテンブルク観光↓ノイシュバンシュタイン城観光↓ヴィース教会観光
　↓フュッセン（フュッセン泊）
6月13日（水）　ザルツブルク観光（ザルツブルク泊）
6月14日（木）　ハルシュタット観光↓ウィーン（ウィーン泊）
6月15日（金）　ウィーン市内観光↓午後自由行動（ウィーン泊）
6月16日（土）　ウィーン↓アムステルダム↓関空（機中泊）
6月17日（日）　8：50頃、関空着

パリ旅行

旅行名　：ガールズスタイルで行く！　パリ　9日
旅行会社：日本旅行
日　程：2013年
3月9日（土）　関空→パリ（パリ泊）
3月10日（日）　終日、自由行動（パリ泊）
3月11日（月）　終日、自由行動（パリ泊）
3月12日（火）　終日、自由行動（パリ泊）
3月13日（水）　終日、自由行動（パリ泊）
3月14日（木）　終日、自由行動（パリ泊）
3月15日（金）　終日、自由行動（パリ泊）
3月16日（土）　パリ→関空（機中泊）
3月17日（日）　9：15頃、関空着

あとがき

海外パック旅行に参加する前は、パック旅行では朝起きてから夜寝るまでのスケジュールが決まっていて個人の自由になる時間が無いという印象を持っていた。実際に参加してみると、予想外に自由に使える時間があり、その時間を楽しむことが出来た。この本では、パック旅行の内容とその際の私の自由時間の使い方を紹介した。

海外では予期せぬハプニングが起こり大変な思いをすることもあるが、現地に行かないと経験出来ない発見や感動もある。この本がヨーロッパ旅行初心者の方の参考になれば幸いである。

本書は小野高速印刷株式会社出版事業部の上川真史さん、黒田貴子さんに、編集や校正などいろいろとお力添えを頂いたことで刊行に至ることができた。お二人には心からお礼を申し上げたい。

２０１８年５月

中尾　進

中尾　進（なかお　すすむ）

滋賀県大津市在住。
ドライブ、旅行、読書が趣味。フランス語にも興味がある。

パック旅行で楽しむヨーロッパ

2018年6月20日発行

著　者　中尾　進
発売元　ブックウェイ
〒670-0933　姫路市平野町62
TEL.079 (222) 5372　FAX.079 (223) 3523
http://bookway.jp
印刷所　小野高速印刷株式会社

ISBN978-4-86584-324-8